名师名校名校长

凝聚名师共识
固志名师关怀
打造名师品牌
培育名师群体

张晓远题

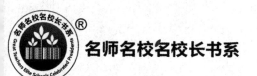

名师名校名校长书系

长沙市一中双语实验学校
长沙市湘一芙蓉中学
新课程校本实验教材

教育，请放慢你匆忙的脚步

王先华／著

东北师范大学出版社

长春

图书在版编目（CIP）数据

教育，请放慢你匆忙的脚步 / 王先华著. — 长春：
东北师范大学出版社，2019.1
ISBN 978-7-5681-5449-9

Ⅰ.①教… Ⅱ.①王… Ⅲ.①课堂教学—教学研究
Ⅳ.①G424.21

中国版本图书馆CIP数据核字（2019）第019768号

□策划创意：刘　鹏

□责任编辑：王文珠　沈　佳　　□封面设计：姜　龙

□责任校对：刘彦妮　张小娅　　□责任印制：张允豪

东北师范大学出版社出版发行
长春净月经济开发区金宝街 118 号（邮政编码：130117）
电话：0431-84568033
网址：http：∥www.nenup.com
北京言之凿文化发展有限公司设计部制版
廊坊市金朗印刷有限公司印装
廊坊市广阳区廊万路 18 号（邮编：065000）
2022年6月第1版　　2022年6月第1次印刷
幅面尺寸：170mm×240mm　印张：12.5　字数：225千

定价：45.00元

致 谢

编写顾问： 刘恩山　吴成军　贺春生　许月良　孔春生　谢小红　高建军
　　　　　　 杨　红　任质彬　李新奇　陈　婕　罗　溢　蒋正清

主　　任： 李　强　杨红伏

副 主 任： 吴　军　谢品球　蒋玲丽

主　　编： 王先华

参编人员： 谢　佳　陈水章　黎　静　段卫斌　吴四平　张冰风　傅雪珂
　　　　　　 朱群英　毛亚江　熊启航　陈菊英　李爱民　严　焰　陈　聪
　　　　　　 张理秀　沈忠文　徐小理　唐慧方　邓日霞　段妍慧　芮　力
　　　　　　 龙社玉　张静睿　邓智礼　王扬利　吴艳丽　张雪瑞　彭　曦

　　本书的写作，笔者查阅了不少书籍（见参考文献），从中得到的益处很多，谨向原著者表示谢意！

　　本书编写过程中，先后有人民教育出版社的吴成军老师，长沙市教科院的孔春生副院长，芙蓉区教育局的谢小红局长、杨红副局长、任质彬主任，长沙市一中的高建军组长、蒋正清老师，长沙市一中双语实验学校的李强校长、杨红伏书记、吴军副校长、谢品球副校长、蒋玲丽副校长，王先华初中生物工作室的名师团队成员、学员们，陈水章名师工作室，陈菊英名师工作室，刘娜名师工作室，刘昌荣名师工作室等给予的大力支持，在行文、立意等各方面提出了宝贵意见。在此，表示深深的谢意！

　　本书的出版，得到了芙蓉区教育局、芙蓉区教科中心、长沙市一中双语实验学校、长沙市子舟文化传播有限公司、王先华初中生物工作室、名师名校名校长书系、东北师范大学出版社等单位的大力支持。同时，还有湖南省教育音像出版社的肖雯编辑、湖南教育出版社的朱微编辑等朋友给予的友情支持，谢谢你们！

　　最后，还要感谢我的父母亲，感谢我的夫人、儿子在背后默默地支持与鼓励！

　　囿于作者的水平有限，本书的错误、遗漏之处在所难免，尚请读者多加批评，惠予指正！

王先华

2019年2月于湖南长沙

享受慢教育

（代序）

教育，请放慢你匆忙的脚步！

《论语》中，有一篇文章完整地记录了大教育家孔子的课堂，篇名为《子路、曾皙、冉有、公西华侍座》。其内容为孔子和弟子们一起讨论前途、理想时的情景与对话（讨论时，学生曾皙正在鼓瑟）。摘抄如下（片段）：

"点，尔何如？"

鼓瑟希，铿尔，舍瑟而作。对曰："异乎三子者之撰。"

子曰："何伤乎？亦各言其志也！"

曰："暮春者，春服既成，冠者五六人，童子六七人，浴乎沂，风乎舞雩，咏而归。"

夫子喟然叹曰："吾与点也！"

……

这就是孔子为我们呈现的"慢的教育"。在他的课堂上，老师与学生面对面坐着，每个人都可以自由地发表自己的见解。调皮的点（即曾皙），则一边听老师和同学们讨论，一边在悠闲地鼓瑟！

什么时候，我们的老师能够轻松地坐在秋日和煦的阳光下，品着一杯冒着热气的香茶，周围围坐着六七个学生，他们或者漫不经心地翻看着手中的书本，或者在草稿本上写写画画，然后，有同学走到老师的身边，和老师一起轻声地讨论学习中的某个问题。

什么时候，老师们能穿着一身褪色的牛仔服，带着七八个学生，行走在乡间的小路上，他们一会儿用捕虫网追逐蝴蝶，一会儿在草丛中寻找鼠妇。

　　什么时候，我们的老师和学生们能够挽起裤脚，下到荷塘中自由地采摘莲蓬，然后，一群人围坐在草坪上，边听老师介绍种子的结构，边品尝莲子的清香。

　　教育，不应该是这样的吗？

吴成军

2018年12月于人民教育出版社

为教育呐喊

（代序）

王先华老师的新书《教育，请放慢你匆忙的脚步》付梓，很高兴也很荣幸为其作序！

当前，我国的教育事业正处于蓬勃发展的时期，国家对基础教育高度重视，人们对教育也是空前的关注。但不可否认，教育领域依然存在许多不尽如人意的地方，并严重地影响着我国教育事业的健康发展，影响着教师们的正常工作，进而影响到广大学生的健康成长！

作为一线教师，王老师对当今教育领域的"教育改革""家校关系""学生课业负担过重""课外补习现象""应试教育""教师职业倦怠"等现象进行了一些反省和思考。面对当今社会存在的一些不良思潮，他提出了自己的鲜明主张：教育，请放慢你匆忙的脚步！

如何改变目前的不利状况，充分发挥教育的"育人"作用，激发学生"自主学习"的内在动力，促使教育走上良性发展的轨道？为此，王老师提出了"自选式教育"体系：通过改变传统的课程、课堂、作业、考试与评价方式、师生关系、家校关系等元素，试图给学校、学生更多的自主权，从而激活教育的原动力，真正实现教育的目标和功能。

王老师于1990年参加工作，至今已在三尺讲台上辛勤耕耘了整整28年，把自己最美好的青春年华都奉献给了祖国的教育事业。目前，他依然神采奕奕地活跃在教学科研的第一线，为自己的教育理想奔走、呼吁。

作为学校的生物学骨干教师，他崇尚自然，关注孩子们的身心发展，主张"教育要回归自然"，"教育要与生产、生活紧密结合"。28年来，他一直站在教育教学工作的第一线，以身示"范"，言传身教。

作为学校的教科室主任，他担负着"引领学校教育科研方向、促进教师专业发展"的重任。为此，他勇于探索，置身在学校教师队伍的最前面。短短两年多的时间，他主持完成了一项湖南省教育科学"十二五"规划课题的研究；拍摄了《初中重点实验指导（生物）》4张光盘；书写了《校园植物与文化》《教育，请放慢你匆忙的脚步》两部专著。用自己的一腔热情，为青年教师树立了表率。

作为芙蓉区"王先华初中生物工作室"的首席名师，他组建了自己的教育教研团队，带着一批青年骨干教师，参加市、区骨干教师培训，参加"国培计划""送教助学"活动，参加"一师一优课、一课一名师"的省级优课、部级优课评审，充分发挥着其示范、引领和辐射作用，为芙蓉教育营造着"百花齐放"的春天。

作为长沙市首批卓越教师——长沙市初中生物学科带头人，他把目光投向了更加广阔的天地。他密切关注着学科最前沿的动态，关注着当今的各种"教育改革"，关注着我国教育未来的发展方向，关注着更加广泛范围内的孩子们的终身发展。

无疑，教育是一项极为复杂的系统工程，它是整个国家、民族的大事。教育的发展关系着国家、民族的前途、命运！希望王老师的呼吁能够唤起一批人，唤起一批与他一同大声呐喊的人，进而，唤起更多的人、唤起更多人的呐喊！

让我们一起来关心教育，关心我国教育的健康发展！

是为序。

李 强

2018年11月于长沙市一中双语实验学校

梦　想

（自序）

长长的夜，

却怎么也梦不见，

你温馨如雪的小屋。

梦是不会迷路的，

何况它还有一双坚强的翅膀。

难道是黑夜不小心移来了高及万仞的远山?

抑或是迷惑之神点燃了七彩凄迷的蜡烛?

天亮了，

梦回到我的身边。

望着它沮丧神情下掩饰的折伤的翅膀，

我柔声地安慰它——

还有明天!

王先华

2018 年 9 月 15 日

目录

第一章 教育创新

第二章 教学实践

附 录 教育随笔

1

教育创新

第一章

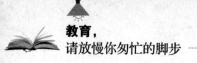

谈教育的"开放式"管理

任何单位与部门都需要管理。一项事业的成败，一个公司的兴衰，很大程度上取决于人的管理。管理出质量，管理出效益，这已成为人们的共识。

现在，有许多人在讲"以人为本"。以人为本的内涵应当是对人的尊重，对人格与人性的尊重。

"以人为本"应该是一个管理者基本的出发点。2001年上海APEC会议期间，美国GE公司（通用电器公司）的总裁兼首席执行官（CEO）伊梅尔特先生在CCTV-2上与中国诸多的CEO们有过一段著名的对话——

（主持人）问："作为CEO，您在公司里主要管理哪些事情？又有哪些事情不管呢？"

伊梅尔特回答说："在一周或一个月内，我用40%以上的时间与员工们打交道，了解他们的生活、困难以及各种想法；用20%的时间来访问我公司的客户，了解他们对我们的产品的意见或建议；用10%的时间与董事会讨论公司的发展；其余的时间，我与外界沟通，用以获得信息。"

在这里，我们可以看到伊梅尔特朴实而又成功的领导与管理艺术，没有条条框框，也没有违纪记载，有的是经常与员工沟通，是激励GE人奋进的"GE价值观卡片"，是在员工生日或结婚纪念日送上的一束鲜花。

在世界前500强中，GE公司一直雄踞前列这一不争的事实，可以替我们论证什么是成功的管理！

这就是开放式管理。用心去接触被管理者的心，并去打动他们的心。充分尊重被管理者，把爱与关怀给予他们，用奋进的精神激励他们，用高尚的人格塑造他们。

"开放式"管理重于疏，因人而异，因材施教，循循善诱。在这种思想与氛围之下，个性得到发挥，人格受到尊重，学生以朋友的身份与教师相处，这样的教育才是培养人的教育。

开放式管理应该包括以下内容：

1. 尊重，尊重自己和他人，这是人与人交往的基点

师与生在人格上应该是完全平等的，教师应该受到尊重，学生同样也应受到尊重！所谓"教学相长"就是这个道理。

2. 爱，这是开放式管理中最重要的内涵

教师对学生的爱应包括爱他们的天真、爱他们的纯洁、爱他们的努力，也包括爱他们的缺点与幼稚。做到这一点是很不容易的，一个各方面表现优秀的学生能博得教师的爱，这比较自然。而一个经常调皮捣蛋的学生，往往是教师"生气"的源泉，这样的孩子也值得爱吗？回答是肯定的。没有爱，学生无法认识到自己的不足，因而无法健康成长，放弃对一个学生的爱，学生会觉得被遗弃，甚至会走上歧途，这是教师最大的失职。爱每一个学生，给他们的生活以关怀，给他们的学习以帮助，指出他们的不足，引导他们改正，他们会在心底里感激并以丰厚的爱回报教师。

3. 宽容，宽广的胸襟，应该是一个管理者最基本的品质

"人非圣贤，孰能无过？过也，人皆见之，及其更也，人皆仰之。"处于青春期的学生，思想难免幼稚，行为难免冲动，这时如果教师没有宽广的胸襟，学生何来改过的机会？宽容，实际上是一种更高层次的爱。

"尊重、爱、宽容"构成了"开放式"管理的三块基石。愿它成为管理者的座右铭。

（本文发表于 2002 年 4 月 5 日《教书育人》2002 年第 10 期）

在高中阶段实施"自选式"教育的构想

一、"自选式"教育的概述

传统的观念认为"学生是受教育者"。

其实，学生应该是学习者！

从根本上讲，人有两方面的需求：物质的与精神的。

吃饭，可以满足一个人成长的物质需求。

学习，其实也是人所必需！人除了要不断地从外界获得物质的补充，更需要不断地获得文化知识与技能来充实自己。

作为探索，笔者提出了在高中阶段实施"自选式"教育的构想：让每一个学生对待学习像上超市自选购物一样，心中有明确的目标，心情轻松愉快，主动向老师索取、自由选择。我想，如此发展，教育必将走入一个崭新的天地。

二、"自选式"教育的内涵

所谓"自选式"教育，是指突破传统教育的条条框框，把学校教育加以改造，把户外教育引进来，为学生的健康发展与核心素养的提高创立更为合理的教育体系。它包括以下主要内容：

1. 开放式课堂

（1）改良传统的课堂。突破各种陈规，学生可以完全自主地选择第一节课听××老师的××课，第二节课听××老师的××课，没有课表与课堂的限制。学生甚至可以中途从教室出来，进入另一课堂。教室像图书室一样永远向学生开放而没有什么限制。

（2）建立自然课堂。条件适宜时，把教室搬到大自然中去，让学生以大自然为师，在自然中学习与锻炼。

2. 课程设置

课程设置分主课、辅课与活动课三类。

（1）主课，以教师介绍某一章节知识为主，帮助学生系统地了解有关方面的知识。

（2）辅课，由师生共同参与探讨学生感兴趣的问题，可以采取谈话式、辩论式、实验探索式等灵活多样的教学形式。

（3）活动课主要安排学生进行野外活动与参观考察（每个学期至少安排5~8周的时间），让学生回归自然，回归生活，学校不应是对外封闭的"象牙塔"。

3. 积极开拓校外教育基地

社会与自然是最大最好的课堂。我们应该充分利用几千年积淀下来的历史文化财富，充分发掘最广泛的学习渠道，培养学生探索自然、适应自然、改造自然的能力。

4. 取消课堂作业

取消课堂作业的目的是给学生充足的自主时间。一般问题或练习由师生在课堂上共同探讨。当然，教师可以布置少数思考题由学生在课外思考，或作下堂课的探讨题材。

5. 允许"无序学习"和"弹性学习"

（1）教学内容由师生依教材共同制订，不需完全按部就班，是为"无序学习"。

（2）"弹性学习"指允许学生对学科有所偏重。例如允许学生在一天甚至一周内专攻数学、物理；允许有浓厚兴趣的学生在教师带领下外出一两天采集标本；允许音、体、美特长生有更多的练习时间等。

6. 建立公共信息室

在信息室，学生可以通过校园网络查询或访问老师关于某一堂课的网页设计，并由此获知近几天内各教师各科目的教学内容安排，从而制订"购物清单"。学校方面还可以提供一些"套餐设计"供学生参考，并以此指导高一学生逐步适应此种教学模式。

7. 全日制开放实验室

让学生充分动手去探求知识，更有利于培养学生的创造力，丰富其知识与技能。

8. 建立丰富多彩的活动室

紧张的学习之余，听听音乐、拉拉小提琴，可以使学生的大脑得到调节，从而使学生更有效率地投入学习。另外，它也是特长生培训的重要基地。

9. 建立学习、心理辅导室

针对学生青春期的特点，给学生的学习、生活、人际交往、专业选择、就业等方面以必要的指导。

10. 公开考试

除期末考试之外，平常的测试与训练题，可以通过校园网络对学生公开，由学生自我检测，教师主要通过课堂答问以及课后辅导了解学生对知识的掌握情况。

11. 必要的宏观调控与纪律约束

"自选式"教育赋予了学生充分的自主，但不能放任自流。教务处等管理机构一个重要的职责就是对学生情况进行跟踪调查，对科目设置进行合理调配，不断完善。

三、"自选式"教育的优势

1. 充分突出了学生的主体地位

由于学校与社会的诸多因素，我无法全面地实施这一构想。但在我任教的高二6班，我创造尽可能多的机会向这里靠近，取得了一些比较明显的效果。

刚接手高二6班时，虽有心理准备，但仍然觉得工作难度很大：全班39人，有26人次受过处分，其中4人的处分是开除学籍留校察看。大多数学生基础较差，没有信心，自由散漫，不爱学习。如何让学生自知、自律、自信、自强？我试着从"自选式"教育思想出发，进行了一些探索与实践。班主任的传统角色是管理者，而我把自己定位为引路人、同行者。6班学生都有这样一个概念：我们班不是39位学生，而是连班主任在内的40人的集体。订购书报，我交一份钱；损坏了公物，我也赔一份；早读时，与学生一块大声朗读；生物课时，和同学们一起走向原野；晚自习时，我坐在教室内和大家一起看书；劳动时，由卫生委员安排，我与大家一起干；拍电视时，我与学生们"争"镜头。

在这个没有班主任管理只有良好氛围的班级，学生们迅速进步了。一学期下来，我班没有一位同学流失，而且无一次重大违纪事件发生。学生们学习热情普遍提高，班级凝聚力明显加强。

2. 自觉培养学生的学习能力

在滑冰场上，怕运动员摔跤而给他诸多扶持，他永远也找不到调整重心的方法！学习也是如此，当老师把一切都为学生设计好后，学生就变成了没有思想、只会执行固定程序的机器。

随着信息技术与网络时代的来临，学生获得信息的渠道变得更为宽广，这更要求新时代的学生要有良好的信息感受能力与信息采集能力。

把手放开，让学生自主地选择学习，他会逐步学会如何去学。而学习能力的培养，对于人的一生来说，无疑是十分重要的！

3. 真正尊重学生的个性发展

我班张翠同学学习基础较差，上课跟不上进度，于是只好讲悄悄话、看小说，或者是听"随身听"来打发时光。我经过仔细观察，发现她爱好音乐并有一定的基础。因此，我与她私下谈心，鼓励她向这方面发展。很快，她请了声乐教师。这时，我又允许她可以不参加学校的早晚自习而去进行专业训练。随着专业的进步，她觉得自己有希望了。于是，她自觉地加强了文化课的学习。受她的影响，我班目前有4位同学学音乐、7位同学学美术、3位同学学体育。现在，他们都在向自己制订的目标不懈地努力着。更为可喜的，我班学美术专业的周倩同学在高二年级提前参加高考并已被湖南师范大学录取了。

让学生充分发展其个性特长，他们会觉得充实而有希望。因此，他们的主观能动性必将得到充分发挥。

可以说，在"自选式"教育思想下，每个人都得到尊重，每个人都可以成才。

4. 更好地与国际教育接轨

为了培养"健全青年"，日本早在1955年前后就开始引进青少年野外活动训练。它引导学生走出教室，走向大自然，积极培养他们的自律性、责任感及各种实践能力。至1993年，日本已拥有校外青年教育设施1 253个，少年自然之家308个，野营型青年之家262个。

在美国，每年有三百多万青少年参加"阵营联合会"组织的各种"阵营活动"。

德国更是十分重视大自然对人的教育，它的青少年阿尔卑斯山活动基地每

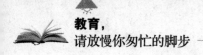

年都接受上万名来此体验生活、锻炼毅力的青少年。

学校不应再封闭了！解放学生，让他们根据自身发展的需求到"超市"中去自由地选购他们的"物质与精神食粮"吧！

无疑，"自选式"教育会促进青少年的健康发展！

同时，我真诚地期待着广大学者、教师一同来探索、践行、完善"自选式"教育体系。

（本文发表于《教书育人》2002年第2期，原文标题为《在高中阶段实施"超市式"教育的构想》）

"自选式"教育体系的主要内涵

主题1：教

一、培养学习的兴趣

从某种意义上讲，教育的第一要务是培养学生对该门课程的学习兴趣，即学习的内驱力。一只饥饿的老虎，因为有强大的内驱力，它会想尽一切办法去捕食，并往往能够成功。相反，一只脑满肠肥的狮子，因为没有"饥饿"这种内驱力，即使面前有大群肥硕的羔羊，它也会无动于衷。

学生对某一学科知识的"渴望"，就是他的内驱力。这种内驱力是学生能够学好该门课程的第一要素。

一个优秀的教师，首要任务是培养学生对该学科的浓厚兴趣！

学生对该学科感兴趣，想一探该学科的究竟，才会认真听取教师的讲课，才会关注老师讲课中的一些细节，才会收集与之相关的资料，才会思考与之相关的一些问题，才会不断前进。

相反，如果学生对该学科毫无兴趣，哪怕教师讲得再"好"再"动听"，估计学生也会不当一回事，把老师的说教当作"耳边风"，甚至是"听而不闻"！如果是这种情况，学生对该学科的学习一定是"糟糕"的。

这样的例子数不胜数。

作为教师，仔细地观察课堂你就会发现：该学科的学习薄弱者，一定是上课无精打采或者无所事事的几个人。因为他们对该学科没有兴趣，没有"饥饿"的内驱力！

如何培养学生的兴趣（内驱力）呢？

不同的教师往往有不同的方法。我们认为，下列几个方面对培养学生的学科兴趣是特别重要的：

1. 教师的学科素养

作为教师，如果他对自己的学科知识有着深厚的积累，对自己的事业有着执着的热爱，对自己所学的专业有着独到的见解，他在学生面前一定能够如数家珍。他的语言、他的情怀、他渊博的学识一定会吸引并感染学生。反之，作为教师，如果你只能拿着教材在那里"照本宣科"，学生一定会对你的课堂失望的。

教师的学科素养是培养学生学习兴趣的关键。

2. 教师的课堂设计

每一堂课都需要设计。教师的每一堂课都应该是一场"精彩"的演出。这个"精彩"不在场景、不在舞台，而在于老师的课堂设计，在于老师对细节的处理。中国相声节目中常常有一些预设的"包袱"，相声演员往往在不动声色间把"包袱"抖出来，让你忍俊不禁。一节好的课堂设计，学生的学习过程一定是轻松的，老师的"包袱"一定是精心准备又不露痕迹的。当学生感知这些"包袱"并露出"会心的微笑"时，教师的课堂设计才算真正达到了目的！

教学不是演出，但每一节课都必须用心设计！

如果一堂课平平常常地过去了，像海水漫过沙丘，不留一点痕迹，久而久之，学生会有相应的兴趣吗？

教师用心的课堂设计是学生学科兴趣延续的催化剂。

学生学科兴趣的培养与其他方面当然也有一些联系，但从上述分析中不难看出，教师是学生学科兴趣培养的决定因素！

二、"浪费"几节课也没有关系

从理论上讲，教育的时长与学生的"收获"应该是成正比的。但事实上，学生形式上的学习与其收获并不对等。"自选式"教育理论认为：有时候，"浪费"几节课也无妨！

2011年，我在长沙市一中的电视直播班上课，好不容易把文科直播班的第一节生物课上完后，我几乎崩溃了！

原来，文科班的生物课是"可有可无"的，因为他们的高考不考生物。上课时一大批学生在做其他科目的作业；余下的一部分学生有的在休息，有的在讨论其他问题；仅有两三个同学在听老师讲课。这叫我怎么办？

课后，我一直在寻找自我救赎的方法，不能这样下去了，一定不能这样下去！

第二节课前，我早早地来到班级，先把教室里的黑板仔仔细细擦拭干净，然后，用粉笔在黑板上写下了一首诗（用左手书写的镜面反体字，学生乍一看是不认识的）：

可叹停机德，堪怜咏絮才，

玉带林中挂，金簪雪里埋。

上课了，同学们看着黑板上的反体字，当然一个都不认识。于是，他们纷纷开始小声讨论，几乎所有同学的注意力都集中在黑板上了。借此机会，我开始我的问题：

问：同学们，你们哪一位可以把黑板上的这首诗念出来？

……

我等了2分钟，教室里依然静悄悄的。

不久，有2位学生看出了一点门道，从书包里拿出镜子，通过镜子来看黑板上的字。于是，我用正楷再一次把这首诗书写在反体字的旁边。然后，我回头问同学们：

问：你们谁知道这首诗的出处？

生：好像是《红楼梦》中的。

问：谁能帮助我解释"停机德""咏絮才"的含义？我当时学理科，但特别喜欢看《红楼梦》。但我对"停机德"的理解并不十分准确，你们谁能帮我解释解释？

……

可能是因为我的突然袭击，同学们都不敢站起来回答，教室里又变得静悄悄的。

我耐心地等候2分钟，然后对同学们说，我记得我们初中时学习了一篇古文《乐羊子妻》，我现在把它背诵一遍，同学们看我背错没有：

"河南乐羊子之妻者，不知何氏之女也。羊子尝行路，得遗金一饼，还以与妻……一年来归，妻跪问其故，羊子曰：久行怀思……妻乃引刀趋机而言曰：此织生自蚕茧……今若断斯织也，则……"

没等我念完，全体学生都热烈地鼓起掌来！（他们都佩服我还能够流利地

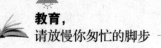

背诵该文，特别因为我是学理科的生物老师。）

我等同学们安静下来后，继续说，今天这节生物课我就不上了，我们干脆就谈谈《红楼梦》吧，因为我最欣赏的古代文学作品就是曹雪芹的《红楼梦》！请大家随意地谈一谈你们对《红楼梦》这部文学作品的理解与看法吧！

同学们反倒都安静下来，抬着头静悄悄地望着我。我知道，他们其实也想"考一考"我。

于是，借此机会，我把黑板上的这首诗进行了认真的剖析（我提前作了充分的准备）。然后，我进一步介绍了"未若柳絮因风起"；介绍了"木秀于林，风必摧之"；介绍了曹雪芹的儒家与法家思想的冲突等等。同学们全神贯注地听着，课堂变得非常和谐。

在下课前的最后几分钟，我用PPT在教室屏幕上打下了这样一段话：

"不必说碧绿的菜畦，光滑的石井栏，高大的××（不知名字）树，紫红的××（不知名字）；也不必说××（不知名字）在树叶里长吟，肥胖的××（不知名字）伏在菜花上，轻捷的××（不知名字）忽然从草间直窜向云霄里去了。单是周围的短短的泥墙根一带，就有无限趣味。××（不知名字）在这里低唱，××（不知名字）们在这里弹琴。翻开断砖来，有时会遇见××（不知名字）；还有××（不知名字）……"

同学们全都哈哈大笑起来。等他们稍微安静下来，我继续说：

"同学们，希望你们好好学习文科知识，成为新时代的鲁迅、曹雪芹！"

"但我必须提醒大家，并不是学好文科知识就行了，有时候，我们也要学一学理科知识。鲁迅先生能够写出那么犀利的杂文，与他的生物学、解剖学知识是密不可分的！"

"如果他对周围的动植物视而不见，所有动植物的名字都叫不出来，哪怕他观察得再仔细，那么《从百草园到三味书屋》可能只能像黑板上这样呈现了！"

……

从此以后，我的生物课彻底改观了！

"浪费"了同学们一节生物课的时间，但我帮助他们抓住了随后的大把时间。

三、教无定法

关于课堂中教师与学生的地位，人们一直争论不休。有的人强调教师的主体地位，他们的说法是"我的课堂我做主"；有的人强调学生的主体地位，因为学生是"祖国的未来"，我们应该充分尊重他们的选择；还有人提出了"双主体"理论；如此等等。

我们认为，"双主体"理论是不成熟的。简单地打个比方：学生想向东，老师想向西，这种情况下，大家往哪儿去?

"学生主体论"我也不敢简单赞同。因为，学生毕竟是知识的接受方。我们尊重学生的一些选择，但课堂不能完全由学生来"自主探究"。否则，教师这一群体就失去了存在的价值。

"自选式"教育理论认为，教师是教学的主体，他们负责提供琳琅满目的"商品"供学生选择。学生是教学的"受体"，但他们不是被动的接受者，他们应该像"上超市购物"一样，有充分的选择权!

这里，我们就不得不把目光集中在"教师提供的商品"上了。是的，这些"商品"无疑会影响学生的选择，有时甚至会因为"商品过于陈旧"而"无人购买"，进而导致"超市"的倒闭!

教师提供的"商品"就是他的"课堂"。教师的"课堂"能否吸引学生，与许多因素相关。但我认为，最关键的因素是教师的教育理念和综合素养。

高中时，作者有幸遇到了生命中非常重要的一位语文老师——傅青老师。傅老师的语文课给了我极为深刻的印象。甚至可以说：让我的一生受益无穷!

高三时，傅老师从不带语文课本来上课。每次上课，他都是夹着一叠报纸或几本杂志。原来，傅老师的爱人专门负责学校的报纸、杂志的收发工作。每天，学校的报纸、杂志送过来后，傅老师会在第一时间浏览一遍，把在教学中可以用到的东西（包括字、词、句子、篇章、消息等）挑选出来，用红笔标记、圈点。上课时，他就用这些最鲜活的材料做"教材"，带着我们欣赏优美的篇章、讲某些词语的运用、讲新闻的要素、讲景物的描写、讲情景的营造……

可以说，每一节课都是超级享受，每一节课都让我们如痴如醉! 进入这样的课堂，每一件"商品"都让人"爱不释手"，每一个同学都是"满载而归"!

很多人都在探讨先进的教学方法，在我看来，"教无定法"才是真正的教

学方法。一个教师，每天走进课堂都是一个枯燥严谨的模式，迟早，他会赶走所有的"顾客"——学生！

当然，要做到傅老师那样是极为困难的，它需要教师有扎实的功底和精心的准备。也只有这样，我们为学生提供的"商品"才会鲜活、生动，才能真正地吸引学生。

教在用心，教无定法！

四、大胆处理教材

我们都知道，教材是教学的基础，是每一个教师实施课堂教学的依据，当然，它也是每一个学生必须认真学习与理解、掌握的。

但是，作为教师，我们不能拘泥于教材。我们要学会根据教与学的具体情况，适当地处理教材。

为什么要处理教材呢？

请让我先举一个例子：在初一生物课上，我们要给学生介绍植物的"根吸收水分和无机盐"的相关知识。但教材上并没有对"溶液""渗透压""主动运输""离子""交换吸附"等概念的介绍。因此，要给学生讲清楚"根吸收水分与无机盐的原理"是非常困难的。按照教材简单地介绍"根可以吸收水分""根对水分与无机盐的吸收是两个相对独立的过程"等内容，学生多半停留在"一知半解"上！

怎么办？

笔者教学时决定对教材进行补充：先用糖、水、糖水等材料介绍"溶液"及"渗透压"等概念。由于学生有了关于"溶液"及"渗透压"的初步知识，他们都能较轻松地理解"当根细胞液的浓度高于土壤溶液的浓度时，植物渗透吸水。""当土壤溶液的浓度过高（如一次性施肥较多）时，会造成植物失水萎蔫甚至死亡。""在盐碱地种庄稼很难成活，是因为土壤溶液的渗透压太高，植物无法吸收水分"等内容。

通过教师的处理，原本抽象的概念变得简单、生动，学生理解起来也变得非常轻松。

对教材内容进行合理的补充，就是处理教材的一种形式。很显然，教师对这些内容的补充并不会耽误其教学进度。相反，由于学生理解了其内在的原理，学习起来会更加顺畅。

中学教材中，许多内容都需要教师在实施课堂教学时进行合理补充。

对教材的处理还包括其他一些方面。

比方说：高中生物教材中，"减数分裂"的内容非常复杂，如果按照教材的编排顺序一步步地介绍，学生需要2或3节课甚至更长的时间才能学完该内容。由于中间有其他课程的打断（学校通常不会有2~3节生物课的连排），学生的学习必然是断断续续的。这当然非常不利于学生对该知识的掌握。

怎么办呢？

帮助学生处理教材！

在讲述这一节内容时，笔者觉得应该把"有丝分裂"与"减数分裂"进行比较，于是，决定把这2个内容放到一起进行讲解。（这样，本节课的内容就更加多了。）为此，我使用了一个简单的模型来模拟细胞分裂过程中染色体的变化，让学生从宏观上了解"有丝分裂"与"减数分裂"的本质和区别。我的模型见下图：

有丝分裂：细胞分裂一次，1个细胞变成2个子细胞，子细胞中的染色体数目和亲代细胞保持不变。（用A与a代表一对同源染色体，见下图）

$$Aa \xrightarrow{\text{复制}} \underline{AA}\ \underline{aa} \xrightarrow{\text{平分}} Aa + Aa$$

减数分裂：细胞连续分裂2次，1个细胞变成4个子细胞，子细胞中的染色体数目是亲代细胞染色体数目的一半。见下图：

$$Aa \xrightarrow{\text{复制}} \underline{AA}\ aa \xrightarrow{\text{平分1}} \underline{AA} + \underline{aa} \xrightarrow{\text{平分2}} A+a + A+a$$

由于学生此前有"有丝分裂"的相关知识作为基础，经过这样的图示和比较，大部分学生仅用不到10分钟的时间，就把复杂的"减数分裂"过程弄得非常清楚了！

由此可见，对教材进行处理是多么重要！

当然，教师对教材的处理应该是合理的，应该是有利于学生对该知识掌握的。

一般地，我们认为，教师对教材的处理应该遵循下列几个原则：

（1）科学性。教师对教材的处理必须是科学的、合理的。经过教师的处理，复杂的问题变得简单；模糊的知识变得清晰；抽象的概念变得具体。这种

处理才是科学的处理，它才会受到学生的普遍欢迎。

（2）简明性。有时，数学老师为了启发学生的思维，常常会用多种方法来解答某道题，即"一题多解"。这种做法自然有一定的意义与价值。但作者认为，最简单的那种解题方法才是真正有价值的。作为教师，我们一定要将"最简单的方法"作为最终要求。

教师在处理教材时，一定要删繁就简，把知识用最简洁的方式去呈现，这样的教育才是合理的、有价值的。

对教材进行处理其实是非常复杂的，它要求教师有深厚的积淀和付出。当然，教师的每一点付出都是有回报的。当他的学生一个个成长起来，当学生们在今后漫长的人生中时时讲起（或想起）这位老师，我想，作为教师，这应该是最幸福的了！

教师，请您用心并大胆地处理教材吧！

五、到户外去

生物课时，把学生带到户外，让他们在大自然中学习与感受，并亲自去探求人与自然、生物与环境的关系，无疑会激发学生强烈的求知欲，增加理论与实际的联系，提高教学的效果。

进行户外教学主要有下列优势：

1. 利用俯拾即是的材料，对教材中的某些结论进行重新认识

书本上的理论，来源于前人对生活实践的探索与总结。把这些抽象的结论硬塞入学生的脑中，会引起各种各样的"排斥反应"。换一个角度就不同了。

有一次，学生在校门口的墙角下发现了葫芦藓。当时他们也仅仅是发现而已。于是，我要求同学们在其他地方再找一找，如宽阔的操场上、向阳的山坡上、围墙上、树干上。当他们徒劳而返时，我告诉他们：要找到苔藓，必须到阴湿的地方。在光照强烈的地方是找不到苔藓的。这说明了什么问题呢？

"苔藓喜欢水。"

"苔藓的生命活动离不开水。"

"水影响着植物的分布。"

……

这些都是学生们总结的结论。对此，我加以适当的指点与拓展，学生们

对苔藓就有了较深刻的认识。趁热打铁，我进一步告诉学生：苔藓植物没有真正的根，没有输导组织，结构简单，不能保住水分，而它的受精作用又离不开水，因此苔藓只能生长在阴湿的地方。

由学生进行归纳，他们会有一种成就感：他们会觉得这个结论是我总结的！我总结的结论基本正确！这样一来，学生自然有了兴趣，而所学的内容当然也会深印脑海。

2. 利用书本知识，指导学生观察与解决实际问题

户外教学，气氛与形式自然而轻松，但教师一定要充分准备，克服随意性，以使学生有所收获。教师可以进行一些巧妙的设计，引导学生去观察与思考。

如一次野外实习时，我见路旁有许多种植物，于是停下来，学生们也随着我停下来。我随手拔起两株植物，告诉他们两种植物根系的区别：直根系与须根系。然后，我指着其他一些植物，和学生们一起猜其根系的类型。当学生们一一验证了我的猜想时，都很佩服我。这时，我告诉他们，这一点也不怪，只不过我有一些基本知识而已。单子叶植物多为平行脉、须根系；双子叶植物多为网状脉、直根系。因为叶脉一眼可见，所以，猜出地下的根系就没有什么神奇的了。

如此，学生知道了什么是知识，知识与实际挂上了钩。慢慢地，他们也开始尝试着把书本上的知识与其观察相结合了。

3. 拓展学生视野，增加其直观感受

书本中有些现象或例子，光靠教师语言的描绘是不够的。正如你说空气中有许多细菌、水中有许多杂质，而许多人不愿意相信，因为他们没有看见。但是，在野外，学生却可以获得许多直观的认识。

例如：谈到保护色，你只需带学生到草丛中走一走，捉几只小昆虫看一看就十分清楚了。

再如植物的寄生现象，学生们往往很难想象。恰巧有一次，我在南湖边一片树林中发现了菟丝子，于是，我立刻把学生带到现场。同学们经过认真观察，发现菟丝子既没有根，也没有叶，很显然，它不能自己制造有机物，必须靠剥削其他植物为生。这一次观察，学生不仅认识了菟丝子，了解了寄生生物的特点，还有其他诸多收获。显然，这比老师在课堂上的一番描述强多了。

4. 丰富课堂容量，提高教学效率

在户外，视野开阔，氧气充足，因此，同学们思维活跃，理解能力明显加强。对于一些具体的生物现象，有时候老师只要一句话就可以让学生深入透彻地理解。与课堂相比，其容量是有很大差异的。

有一天，我带某班学生在户外上课。回来后，我问同学们有哪些收获，学生们竟列出了如下几十条内容（这都是我边走边谈中向他们介绍的）：

（1）葫芦藓的叶只有一层细胞，是进行显微观察的极好的材料。

（2）葫芦藓往往分布在背阳的潮湿地带。

（3）苍耳的果实外有小钩，很容易钩挂在动物的皮毛上，借助动物的活动把自己的种子传播开来，从而扩大其子孙的分布范围。

（4）苍耳的果实多而且常见，原因主要有两个方面：①植物往往产生大量的种子（果实），保证有足够的后代存活。②苍耳的种子有剧毒，没有动物敢食用它。

（5）有些植物的果实（或种子）有毒、有刺，就是为了阻止其他生物的采食。

（6）樟树的叶角质，冬天不落叶，因为它有较强的抗寒性。植物的抗寒性是长期的自然选择的结果。

（7）植物落叶，是对寒冷环境的一种适应方式，也是其排出体内代谢废物的一种方式。植物落叶后，它依赖其体内存储的有机物而生存。

（8）樟树叶脉的基部有腺体，可分泌樟脑油。工业上用来制作樟脑丸。

（9）春天万紫千红，而秋季仅有菊花盛开，为什么呢？因为菊花是短日照植物。植物的开花受光照、温度等因素的影响。

……

由此可见，在一些合适的章节，把生物课延伸到户外，不仅增加了教学的直观性，加强了理论与实际的联系，更激发了学生的学习兴趣，增加了他们对知识的理解与掌握，从而推动了教学的深入。

讲到这里，可能有教师会问，除了生物课，其他科目也可以进行户外教学吗？

笔者认为，所有的科目都和生物课一样，可以到户外去！大自然这个课堂十分广阔，它不仅仅只对生物课开放。

目前，许多课堂已经开始了这方面的尝试。比较典型的有地理课的研学旅行；历史课的"重走长征路"；英语课的海外游学；等等。

事实上，许多发达国家都特别重视户外教育。以德国为例，他们每学期的学校教育时间只有50多天，学生绝大多数的时间都在遍布全国的青少年户外活动基地度过，在人与自然的和谐环境中学习（活动）、成长。

当然，进行户外教学，不仅需要教师们进行充分的准备和严密的组织，还需要社会各界给予相应的理解和配合。特别是政府部门，应该为我国未来的户外教育提供基地、场所、经费等多方面的支持。

作为户外教育活动的直接组织者，教师要做好相应的前期准备，包括目的地的选择，活动器材的准备，交通、安全等多个方面的考虑。如果仅仅是带学生到外面走一走、玩一玩，势必与教学的初衷相违背。

大自然为我们提供了无穷的景观与广阔的课堂，吸引着学生去欣赏、去攀登、去探究、去发现。教学相长，多好！

六、研究性学习的重要性

研究性学习是学生在教师的指导下，从自然、社会、生活中选择并确定一定的课题进行"研究"，并在研究过程中主动地获取知识、应用知识、解决问题的学习活动。研究性学习很早就被列入《全日制普通高级中学课程计划（试验修订稿）》中。笔者今天重提研究性学习，是因为它对改变学生的学习方式、促进教师教学方式的变化、培养学生的创新精神和实践能力具有重要的作用。

"自选式"教育强调学生的自选，给了学生充分的"自主权"。这就要求学生有很强的选择、分析、判断、推理等多方面的能力。这些能力需要培养，而研究性学习就是一个极好的培养途径。

研究性学习是一个开放的学习过程。在这里，传统的学科教学目的被冲淡，"师"与"生"的角色不再明晰，教师既可以和学生们组成一个团队，又可以置身事外，做一个自由的顾问。学生们则会以小团体的形式组织起来，成员之间既密切合作又明确分工，围绕着所研究的课题去主动收集资料、分析资料、调查研究、总结归纳，最后得出相应的结论。

研究性学习是"自选式"教育的一个重要内容。

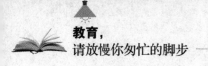

通过研究性学习，学生亲自参与研究探索的过程，主动去发现问题，想办法去收集资料、获取证据，慢慢地排除干扰、接近目标，最后获得经验、解决问题。由于研究性学习的学习环境相对宽松平等，所以学生的心情是轻松的、研究的氛围是和谐的，他们每个人都可以充分地表达自己的意见，思想的火花更容易碰撞出来！

在开展研究性学习的过程中，笔者想特别强调《课题组日志》的建立。

研究性学习的实质，就是让学生在研究中学习，它的落脚点依然在"学习"上。这也从客观上要求我们重"过程"而不是重"结果"。所以，帮助学生建立《课题组日志》，并督促他们认真记录与实施，是教师指导的关键，也是学生得以进步的关键。

1.《课题组日志》的作用

（1）明晰研究计划与实施方案。

在日志的前几页，记下研究的详细计划与实施方案，使小组每一成员心中有数，目标明确。

（2）督促研究的有序进行。

对照研究计划，一项一项地实施，使研究更加有序，有助于研究的深入进行。

（3）记载研究过程中遇到的问题及解决方案。

研究中难免遇到一时无法解决的问题，记录下来，专题研究，并把解决的方式方法记下，才会真正有所收获。

（4）作好笔记，积累材料，有利于资料的整理。

把从各个途径获得的材料记录下来，加以分析、整理，有利于逐步提高自己对资料的处理能力。

（5）有助于教师及时了解研究的进展情况。

研究性学习的过程是一个学生自主学习的过程，教师不宜过多地参与或指挥，但教师必须对学生的工作进展有所了解。这时，《课题组日志》就成了师生沟通的桥梁。

（6）指导学生今后的研究与学习。

《课题组日志》记载了一个课题从选定到完成的全过程，对学生今后的研究与学习无疑具有良好的指导作用。同时，也可以为别人提供借鉴。

（7）评定课题组工作的重要依据。

课题组的实施过程，无疑是教师十分重视与评价的着重点。而此时，《课题组日志》是最有说服力的。

2.《课题组日志》的要素

一般来说，《课题组日志》应该包括以下内容：

（1）研究课题的初选、论证与确定。

（2）课题组人员名单及分工。

（3）研究课题的实施计划。

（4）研究的实施过程记载，包括实验、调查、访问、查阅资料、疑难问题的解答等方面，这是日志的主要部分。

（5）结论或结果记载，包括论文、统计表、实验现象记录、观点提出等方面。

（6）小组成员研究过程的体会。

（7）教师的评价。

《课题组日志》是研究性学习中一个不可缺少的组成部分，笔者就此作一些粗浅的论述，目的是引起广大教师的重视与探讨。愿"研究性学习"之花结出丰硕的成果。

七、自编教材

前面讲到教师要处理教材，更进一步，教师可以自编教材。主课、辅课、活动课都可以自编教材。

有人会问，不是有现成的很好的教材吗？

是的，自选式教育体系下的"主课"，一般就是指《教学大纲》（《新的课程标准》）规定的现行的一些基本课程，如语文、数学、物理、化学等。虽然这些科目都有部颁的《教材》，笔者认为，我们也可以参照《教材》与《新课标》来重新编写教材。

这样做有什么好处呢？

（1）我们可以提前处理教材。加上或删减一些内容，突出某些重点、特色，形成自己或学校独有的风格，并把它以合适的方式留存下来。这不仅有利于学生的学习，也可以给其他同事以参考；还利于我们在教学后适时进行修改

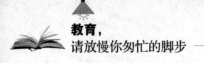
完善。

（2）形成与现行《教材》并行的一套系统。如果有许多人都动起手来，那就可以形成许多套系统，相互借鉴、修改调整，则可以形成百花齐放、百家争鸣的局面。这将极大地丰富"自选式"教育中的"商品"，给学生更加丰富的选择！

（3）形成特色课程。传统的教材是面向所有的学生而设置的，没有考虑不同学校特色建设的需要（当然，也无法考虑）。自编教材，则可以充分挖掘本校的特色与资源，更多关注学生的发展，更好地与高等教育对接。目前的教学改革谈到了"生涯规划"，作者认为"生涯规划"是非常好的，但"生涯规划"的"教材"就只能由学校组织教师进行"自编"了。

自编教材不仅对学生的个体发展更有指导性，也与当今的教学改革相一致。另一方面，自编教材对教师提出了更高的要求，客观上讲，教师必须努力提高自己的专业素养，用心打造适用的"教材"。显然，这有利于教师专业的提升和发展。

主课需要自编教材，辅课与活动课则没有相应的教材，它必须由相应的教师从头开始认真地编写。

当然，辅课与活动课的教材与主课的教材是不同的。主课是基础，它更加重视学科体系与特色，它要求有明确的教学目的和与之适应的教学素材、教学手段；辅课从形式上更灵活、更自由，它是对主课的一种辅助，也是对主课的拓展和深化。因此，它更加重视场景的设置、问题的设置、思维的训练。

活动课则是在户外进行的，它对"教材"的要求相对较弱，但如果没有对活动进行的整体规划与设计，很多活动就会流于形式，根本起不到相应的作用。因此，活动课的课程设计应该注意下面几个方面：

（1）课程目标是什么？如何达到课程目标？

（2）全期活动课的课时及整体安排。

（3）每次活动课的具体安排及目的。

（4）活动的管理方案。

（5）活动的详细记录。

（6）活动的收获与感悟。

由此可见，不同的课程需要有不同的自编教材。这是"自选式"教育给广大教师提出的新任务，当然，它更加有利于学生的学习及其终身发展。

自编教材，新时期教师们的新任务，让我们努力吧！

八、寻找每一节课的亮点

不管是传统的学科教学还是"自选式"教育，其根本目的都是培养和造就学生，使之理解与掌握相应的文化知识。承前所述，培养学生的学习兴趣为教学的第一要务。但是，学习兴趣的培养与强化应该是一个持续的过程，它应该贯穿于每一节课中。

怎样让你的课堂具有持续的吸引力呢？我们认为，教师要精心去寻找（或发掘）每一节课的亮点！

一直以来，我都十分怀念高中时期的几位恩师。

还记得当初傅青老师给大家上《刘姥姥进大观园》一课时的情景：傅老师讲着讲着，突然停下来，要求几位同学走到讲台前，分别扮演刘姥姥、贾母、王熙凤、鸳鸯等角色，要求她们模拟小说中的人物进行对话，并拿出早已准备好的两块毛巾，让其中两位女同学围在头上，模拟刘姥姥、贾母的神态和形象。

几十年过去了，我对当初的情景依然记忆犹新。我甚至还记得那时两位同学所戴毛巾的颜色。

这就是课堂中的亮点，让你在轻松观看同学表演的同时，在心底留下永恒的记忆。当同学们表演完毕后，傅老师对四位同学的表演进行了精彩的点评，他说：扮演刘姥姥的同学表现不错。刘姥姥虽然年纪很大都70多岁了，但她依然神采奕奕，说话时中气充足。扮演贾母的同学则表现一般。她虽然贵为一品诰命夫人，但健康状况并不及年纪比她还大几岁的刘姥姥，她应该是那种养尊处优但精神委顿的状态。扮演鸳鸯的同学也对角色的理解不够，她不能总站在贾母的身后，她和凤姐其实是"导演"，要不时和刘姥姥说两句悄悄话……

作为教师，傅老师用他的智慧为我们灰暗的高中生活点燃了一支明亮的蜡烛！在以后漫长的人生路上，它依然指引着我们前进的方向。

还有教生物的陈韶老师。有一天，他讲了半节课后突然走出教室不见了，正当我们东张西望时，他从教室外拎着一大包新鲜的莲子进来了。他一声不响地把莲子发给每一位同学后，说："这节课剩下的时间同学们自由解剖莲子，

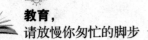
观察莲子的子叶、胚芽、胚根等结构，解剖完了，就可以吃莲子了。"

说实在的，一直到现在，我都是最爱吃莲子的！我永远怀念着当初陈老师递给我的莲子的清香！

这就是教学中的亮点，像一粒种子，埋藏在泥土中，隐藏在厚厚的书本下，让人很难觉察到。它需要老师们去发掘，去用心浇灌！人们常说，教师是"辛勤的园丁"，它应该就是指的这个方面。在教师汗水的浇灌下，这粒种子会从幽深的地底悄悄地萌出，长成为一棵参天的大树！

其实，每一节课都可以找到其亮点，每一粒珍珠都能闪闪发光！

课堂需要亮点，就像音乐需要节奏、花卉需要颜色。这节奏，会轻轻地流淌在学生们的血液中；这颜色，会永远闪耀在学生们的记忆深处！

九、设置风景，引导攀登

在教育改革不断深入的今天，全面提高学生的综合素质越来越受到重视。如何去培养学生先进的思想、敏锐的思维与强大的动手能力呢？传统的教学使教师们习惯于把"削好的苹果"交给学生，而不是积极地引导学生去认识"苹果"、发现"苹果"、采摘与吃"苹果"。因此，传统的教学剥夺了学生的选择、剥夺了学生的自主思想与个性、剥夺了学生探幽访胜的乐趣，也因此剥夺了学生诸多提升能力的机会。而"探究式教学"较好地解决了这些问题，它重视激发学生的兴趣、拓展学生的视野、培养学生的品质，因此探究式教学越来越多地受到广大师生的欢迎。

1. 什么是探究式教学

在教学中，老师毅然摒弃呆板的教条，精心地设置一道道障碍，然后融身于学生之中，引领着他们一步步前进，像登山一样，使学生在摸索中学会方法，在与困难斗争中磨炼品质，在不断追求中获得进步，从而攀上知识的高峰。探究式教学注重"探"与"究"，给学生的是"问题"而不是"结论"，要求学生的是"解决问题"而不是"记住结论"；而学生最终获得的是认识的提高、思维的拓展、能力的升华。

2. 探究式教学的一般程序

探究式教学是一种十分有效的教学手段，它着眼于"探"与"究"的过程。老师们精心地设计，巧妙地引导，使学生一步步前进，跨越障碍。它一般包括如下几个步骤：

（1）设置情境，提出问题。

在学习"植物的茎对水分与无机盐的运输"一节时，我要求同学们用简明的方法测出离体茎中水分的运输速度。这个问题很简单，大家很快测出了结果并上报了答案。

同学们的结果各不相同，这我早已预计到。于是，我提出了如下问题：为什么大家测出的结果各不相同？（以此引导同学们深入）

（2）分析问题，做出假设。

围绕同学们测出的不同结果，大家分组展开了激烈地讨论。有的小组提出了测量的误差问题；有的小组指出是材料问题——各组使用的材料不尽相同；有的小组提出茎运输水分的速度与叶面积的大小、叶片的多少、光照的强弱、温度的高低以及导管的粗细等有关……

对于同学们提出的各种假设，我没有妄加评判，而是要求他们自己分别设计实验，动手求证。

（3）设计实验，动手求证。

我告诉同学们，实践是检验真理的唯一标准！不通过实验去验证，再合理的假设也只能是假设。

于是，同学们一个个兴趣盎然地开始了设计与实验：有的同学认为叶面的大小影响水分的运输，于是采用全叶与半叶进行比较；有的同学认为导管的粗细有影响，于是选用粗枝与细枝进行比较；有的同学认为光照有影响，于是采用给光与遮光进行比较……

当同学们一一把结论告知我时，我知道学生们不仅掌握了茎对水分运输方面的知识，更重要的，他们学会了如何去分析问题，如何通过实验去验证设想。

（4）归纳总结，提高能力。

在学生进行这一系列过程时，教师的任务就是巡视全场、参与其中、发现错误，最后和学生一道进行归纳与总结。例如：有一组同学在验证光对水分的运输速度的影响时，他们考虑到了用遮光的方法来比较有光与无光条件下的异同，但实验时他们所选的两枝材料上所带的叶片数差异显著。于是，我试着问："像这样两棵植株上叶片的多少不同，它们是否会影响实验结论"？经我

提示，学生们马上意识到了实验设计的不严密，并立刻加以改进。在随后的实验后记上，我看到了该组学生所写的一段话："在探索某种因素（实验变量）对研究对象的影响时，应尽可能地避开其他因素（无关变量）的干扰，即保持其他条件基本一致。"多么严谨而深刻的论述！

3. 探究式教学的优势

（1）探究，激发了学生浓厚的学习兴趣。

探究式教学不局限于理论的传递，也不仅仅是思辨的过程，而是学生通过亲身的实验去获得知识与解决问题的过程。因此，学生的角色意识被大大加强了，他们体会到这是他们自己在发现问题，在解决问题。于是，他们的兴趣就很自然地被激发了。

还记得初中时一位数学老师给我们讲勾股定理的过程：首先他要求我们每个同学画好一个直角三角形，并用直尺分别测出各边的长度，计算出各边长度的平方值。当我们把这些事做完后，他要求我们观察一下所得三个数值的内在关系。很快，有些同学发现斜边长度的平方刚好等于或近似地等于两直角边长度的平方和。最后当老师告诉我们这就是勾股定理时，大家兴奋不已，好像是自己发现了勾股定理一般。

（2）探究，拓展了学生开阔的思维。

如果教师在课堂上简单地告诉学生是某某因素影响了茎对水分与无机盐的运输速度，学生一般的做法是把它记下来，而不再去思考其他。这样，学生的认识也就停留在"是什么"的层面上了。而探究式教学则不同，由于没有现存的答案，学生必须先分析影响水分运输的诸多可能因素，然后设计出合理的实验方案，再通过认真的实验得出结论，最后还要回过头来，深入地挖掘"因"与"果"之间的本质联系。由此，学生的思维得到了充分的锻炼，其分析、思考与判断能力当然会大大加强。

（3）探究，培养了学生科学的品质。

探究式教学的一个重要特征是强调学生的动手实践，实践才能出真知。勤于动手，用实验去求证结论是每一个人都应该认真培养的科学品质。当初，如果不是伽利略在比萨斜塔上的著名实验——两个铁球同时落地实验，也许直到今天人们依然会把亚里士多德的谬论奉为真理。

著名的物理学家李远哲教授在他获得诺贝尔物理学奖后，他讲了非常有名的一句话："要重视实验，没有严谨的实验态度、科学的实验方法，任何人都不可能成功！"可见，动手实践对个人的成长多么重要。

（4）探究，打破了传统的教学模式，活跃了沉闷的教学气氛。

传统的教育规范了学生的诸多行为，也因此把学生青春的活力或多或少地扼杀了。而探究式课堂则不同，它允许学生独自沉思，也允许学生相互讨论乃至大声争辩。教师不再是讲台上挥舞着教鞭的权威，而是小组中可以共同探讨的一员。探究，模糊了师与生的界限，它更好地把师与生融为一体了。

在生物、物理、化学等学科的教学中，教师可以大力地开展探究式教学，通过一个个由浅入深的问题，引导着学生一步步去探究。在攻克一座座堡垒的过程中，锻炼了学生的意志、培养了学生的品格、丰富了学生的知识、提升了学生的能力。

在探究式教学中，教师要精心地设计，不留痕迹地引导，从而充分调动学生的主观能动性，使学生在自觉与不自觉中登上胜利的顶峰。

十、不妨多开设几节自习课

传统的课堂很少有自习课。自习课常常是因为某一学科教师无法到位，于是临时请另一位老师（或班主任）代替自己守守班，让学生自己看看书。守班老师仅仅充当课堂纪律的维持者。

学校课表上一般是不会安排自习课的。

"自选式"教育理论认为，自习课是教学的合理补充与延伸，它对同学们消化课堂知识、解决某些疑难问题、与教师进行交流探讨、准备后面的学习等都极为重要。学校每天至少应该安排2节自习课。

自习课该如何进行呢？

首先，自习课应该有专业老师进教室。老师进教室的好处是能够与学生实时交流，解答学生在学习中遇到的困难。一方面由于自习课相对宽松的环境，师生的距离更加亲近，师生的交流会更加顺畅、有效。另一方面，由于自习课没有主课、辅课明确的目标，师生可能探讨的问题会更加广泛，对学生个体的指导会更加贴切。

其次，自习课给了学生更多的自主空间，学生在自习课上完全可以做自己的事情。事实上，教育的终极目的是培养学生独立发现问题、解决问题的能

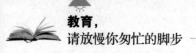

力。自习课宽松的空间正有利于学生学会学习、学会安排时间、学会发展个人特长、学会思考。三国时期伟大的军事家诸葛亮说"宁静致远"。我们认为，自习课就是一个相对"宁静"的空间，每一个学生都需要这样的空间。

在生物学上，我们可以找到这样的例证：蝴蝶等昆虫的一生要经过卵、幼虫、蛹、成虫四个阶段。蝴蝶的发育被称为变态发育，它的幼体与成体在外部形态、内部结构、生理功能上都发生了极为显著的改变。事实上，为了实现这一伟大的"蜕变"，蝴蝶幼虫会把自己包裹起来，不吃也不动，完全与外界隔绝（其实也排除了外界的干扰），这就是"蛹"期。相对静止的蛹期，换来蝴蝶美丽的蜕变！

我们的学生、我们的教育正需要这样的"蛹期"。在看似静止的表面下，实现学生的个人调整、实现学生的个人积累，最终实现学生的伟大蜕变！

主题2：问

一、教师要合理设问

"问"与"教"相对，它是教育中极为重要的一个环节。"问"包括教师的课堂"设问"和学生的"提问"。两者对学生的发展都非常重要。

从本节起，我们先谈谈课堂上老师的"设问"。

所谓"设问"，应该是老师针对课堂内容而精心"设置"的问题，它的作用应该非常显著且可预见的。

举个例子，在学习"植物的呼吸作用"一节内容时，老师们设置了下列问题：

（1）你认为植物的"呼吸作用"与我们平常讲的"呼吸"是一回事吗？

（2）植物也有"呼吸"吗？

（3）植物是如何进行"呼吸"的？

（4）植物的"呼吸作用"发生的场所是什么？

（5）所有的植物细胞都能进行呼吸作用吗？

……

上述问题，哪些是合理且有效的设问呢？让我们一起来分析一下：

问题（1）能够引起学生的思考，"呼吸"和"呼吸作用"是一回事吗？如果是一回事，为什么不用一个名称呢？如果不是一回事，它们之间又有哪些区别？有没有联系呢？从这里可以看出，老师的一个问题可以引起学生的一连串思考。即使是那些上课不太用心的学生，我相信他们也会思考："呼吸"和"呼吸作用"到底是不是一回事呢？

问题（2）就没有什么内涵，学生只需要用"有"或者"没有"就可以应付过去了，它不会在学生心中留下什么印象，也很难引起学生们的进一步思考。所以，这样的问题价值不大。

问题（3）就比问题（2）好多了，它不能用简单的"是""有""可以"之类的词语来回答，它需要同学们做出深入的思考和表述。它还隐藏着一个问题，植物的"呼吸"与人的"呼吸"相同吗？

问题（4）非常具体，但并不简单。有的学生会回答在"细胞"内；有的学生会回答在"活细胞"内；有的学生会回答在"线粒体"内。可见，学生对这个问题并不是很明确。第一个答案过于简单，且不严谨。第二个答案在初中时期是最贴切的。第三个答案是不准确的，植物的呼吸作用是一个非常复杂的过程，它分为三个阶段。第一阶段在细胞质基质中进行，第二、三阶段在线粒体中进行。所以，单纯讲在"线粒体"中进行呼吸作用是不正确的。从这些分析中可以看出，这个问题对学生是一个很好的提醒，它会在同学们的心中留下较深刻的印象。

问题（5）也很好。学生看到"都"字就会思考，所有的植物细胞都一样吗？有没有独特的（例外的）细胞？

从上面的分析可以看出，好的"设问"应该有以下特点：

（1）能够启发学生的思考。任何问题，如果不经思考就能够赋予答案，一定不是好问题。凡是可以用"是"或者"不是"，"对"或者"错"来简单回答的问题，都很难在学生的心中留下印象。

（2）问题的答案是明确的，但学生容易疏忽、混淆。这样的问题提出后，能够引起学生的注意，帮助学生纠正错误。这样的问题就是好问题。

任何课堂，教师都应该有几个精心设置的"问题"，通过这些问题引发学生思考引起学生注意纠正学生的错误。这样的课堂才是好的课堂。

二、怎样对待学生的问题

有的课堂，负责任的教师满头大汗，常常是一个人在唱"独角戏"。他底下的学生却一动不动，安静地享受着。

有的课堂，学生经常问："老师，为什么……""老师，我有个问题……"如此等等。

第一种类型的课堂，所有的情节都要按照老师精心编写的"剧本"展开，老师才可以有条不紊地完成自己的课堂内容。

第二种课堂则不同，因为总是有学生的"问题"来"干扰"，教师也常常无法完成自己的课堂设计。

如果要你对上述两种类型的课堂进行评价，你觉得哪种课堂更好呢？

可能会有多种答案：有的人认为第一种课堂好，有的人认为第二种课堂好，有的人认为两种课堂都不好，应该把二者结合起来……

"自选式"教育理论认为，第二种课堂才是真正的课堂，这样的课堂才是未来教育的方向。且让我们进行一些简单的分析：

（1）学生有"问题"，它反映出学生真正进行了思考。

没有问题的课堂，只能是下面两种情况：①学生根本没有去"听"老师的讲课内容，即使听了也是一种表面上的"听"，他们并没有"听见"。②学生根本没有"听懂"老师的讲课，老师所讲的内容对于学生是"一头雾水"，学生根本无法跟上来。

有问题则不同，它一方面反映学生在"听"、在思考；另一方面，它给了老师一些反馈，"你讲快了""有个问题我还没有弄清楚"等等。这样，教师既能够了解自己"教"的情况，也能够及时了解学生"学"的情况，进而及时调整自己的策略。

（2）课堂"乱糟糟"也是可以的。

多数人认为，课堂应该秩序井然。老师在讲台上有条不紊地讲，学生在下面静悄悄地听。乍一看，这确实是一种很理想的状态。但是，他忽视了学生的认知规律和个性发展。试想一下，如果只需坐在那里认真地听听课就能够掌握相应的知识，那学习还有什么困难可言？还有，现在有几位中学生能够安安静静地坐在教室里，坚持一个45分钟接着一个45分钟呢？

初中生处于青春期，正是思想活跃、生性好动的时期。如果你偏要他一动不动地坐在那里认真听讲，有问题也不能随时站起来与你交流。我想，在这种禁锢之下，所有的学生都会厌弃这种教学。

相反，如果你能够重视学生的思考、尊重学生的问题、理解学生的多动，你的课堂一定是和谐的、充满人性的光芒的。这样的课堂从外表上看可能是"乱糟糟"的，但实质上它充分尊重了学生的个性发展与认知规律，这样的课堂，其实是最有效率的。

（3）有人说"我根本讲不下去了"；有人说"我无法完成教学任务，怎么办？"

对于第一种说法，我们只能说："老师，你应该转变你的教学理念与教学方式了。你讲不下去了，那就停下来，与学生就其问题进行讨论吧。很多时候，讨论比讲述更有价值。"

对于第二种说法，我想问的是："你的教学任务是什么？不就是培养学生发现问题、解决问题的能力吗？如果你一味想着完成自己所谓的'任务'，而忽视学生提出的各种'问题'，你的任务算完成了吗？"

"自选式"教育理论认为，学生的"问题"才是课堂的灵魂。教师的作用不仅仅是帮助学生解决已有的问题，还要积极培养学生的问题意识，发掘出更多的"问题"。只有这样，我们的教学才真正落到了实处。

让所有的同学都动起来、问起来！有时候，表面上"乱糟糟"的课堂也许才是真正有生命力的课堂。

三、有没有学生不该问的问题

上一节讲到，课堂应该是充满"问题"的课堂。那么，有没有学生不该在课堂上问的"问题"呢？

答案是否定的。我们认为，学生在课堂上没有不该问的问题！

有人说："学生的问题与课堂教学毫无关系，这样的问题该问吗？"

我想说："你为什么认为它与课堂教学没有关系呢？学生问问题，难道首先要拿《教学大纲》《课程标准》来查对一下吗？"

有人说："学生的问题是非常私密的个人问题，我不便于回答，怎么办？"

我想说："既然你认为是私密的问题，你不妨告诉他，咱们在私密的场合

交流吧！"

有人说："学生的问题是我无法回答的，怎么办？"

我想说："不要紧，坦诚地告诉学生，这个问题我不清楚，或者我一时间无法解答，让我课后查查资料，再与你交流。"

事实上，学生所有的问题都是值得尊重的！

学生能够在课堂上发现问题，一定是经过认真思考然后再提出来的，这是一种美好的品质。我们一定要非常"爱护"这种品质，鼓励学生积极提出问题。对于学生的问题，教师应该——予以解释，或者帮助其进行分析。对于没有把握的问题，我们不能敷衍塞责，一定要仔细求证，给学生正确的答案。

还有，万一在教学中出现了错误，教师一定要放下身段，及时向学生解释并进行更正，千万不能因为所谓的"面子"而贻误学生的一生。

四、不给答案

问"问题"是一种美好的品质。但对于学生的问题，教师应该区别对待。有些问题，教师不妨缓一缓，让学生充分思考并学会自己寻找答案；有些问题，教师可以进行思维的引领或示范，由学生与老师一起来解决；有些问题，教师甚至可以不给答案。

可能有老师会说，你不是鼓励学生多问问题吗，为什么又不给其答案呢？

客观地讲，给出问题的答案并不是终极目标，通过问题来训练学生的思维，培养其分析、判断、推理等方面的能力才是关键。如果学生提出一个问题，你马上给他一个"标准"的"答案"，这样，学生就会渐渐"省略"思考的过程，显然，这对学生是没有什么帮助的，甚至是有害的。

相反，如果你能够就汤下面，帮助学生理清思路，学生能在你的指导下顺利找到解决问题的方法，并最终得到正确的结论，该多好！

学生提出的"问题"，正是其理解或掌握不够的地方。学生问问题，就是把自己的"不足之处"告诉了教师。因此，教师要非常重视这种"反馈"，然后好好利用这个机会把相应的"内容"突破，帮助学生理解与巩固。

如果有多位同学提出同样的（或类似的）问题，则说明该"问题"比较复杂，大部分学生没有掌握该"知识"。这时候，教师应该先反思自己的教学，然后利用合适的时间帮助学生重新学习相关内容，千万不能置之不理。

倘若我们随意地用"标准答案"来终结学生的"问题"，长此以往，学生会因"不需思考"而变得"没有问题"。如果出现这种情况，那我们的教育就危险了！

五、有问题就问吗

上面几讲，我们强调了学生问"问题"的重要性，也要求教师不要立即就给学生"标准答案"，而应该充分利用"问题"来帮助学生。

换一个角度，学生是不是"有问题就该问呢"？

"自选式"教育理论认为，有问题并不一定就该问。

为什么呢？

常常有教师说，遇到问题就向老师请教吧，这是解决问题最快捷的途径！是的，这句话一点不错。但是，学习并不是赛跑，我们不能一味求快。有时候，慢速解决问题的过程反而更有利于我们对某些知识的深入理解。

打一个简单的比喻：有的人只用3~5天的时间就把一本《红楼梦》读完了；有的人用2~3个月的时间来读它；有的人则用10年、20年的时间来反复读它。那么，是不是用3~5天读完《红楼梦》的人就可以学得更多的知识呢？我想答案应该是显而易见的。有许多人一味求快，结果往往是囫囵吞枣，甚至是"贪多嚼不烂"。

遇到问题，我们首先应该是想办法自己解决。我们可以通过查阅书本、资料，通过反复思考、验算，通过与同学的交流、探讨等，找到解决问题的方法。如果遇到一点点问题就去问老师，或者干脆上网络"百度"答案，那么我们的大脑将会失去"思考"的功能，长此以往，大脑也会"生锈"的。

我们提倡"研究性学习"就是基于这个道理。

研究性学习应该是我们解决学习中许多问题的最佳方式。几个同学一起形成学习小组，按照一定的探究计划一步步地深入下去，在思考、讨论、合作、交流等过程中理清思想的脉络，在不断地质疑、思辨、否定和总结中提升自我。

真正意义上的学习，应该是培养自己发现问题、解决问题的能力。如果我们把解决问题的过程全都交给"老师"，则我们永远难以找到"解决问题"的基本"钥匙"。

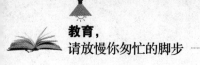
很多事情，只有我们亲自经历才能真正获得！

六、我的问题记录本

学习就是一个不断发现"问题"，然后解决"问题"的过程。

有的人解决一个"问题"后，马上会奔向"下一个问题"。因为他知道，学习中的问题层出不穷，一定要用尽可能少的时间，去解决尽可能多的问题。

有的人则不同，解决了一个问题后，他就会停下来，仔细地把该问题解决的过程前前后后再回味一遍，并把一些重要的内容（或细节）记录下来。

我们认为，上述两种学生，后者的做法是值得提倡的。

我们建议，每个人最好有多个"问题记录本"，自己平时可以把学习中遇到的"问题"及其解决过程都记录下来。

笔者在读初中三年级时，就有多个"问题记录本"！

那时候，因为学校离家太远，我们有一部分同学就在学校寄宿。每天19：00到21：00，我们可以在教室里上晚自习。当时的"晚自习"和现在许多学校的"晚自习"不同，当时学校的管理比较开放，只是把教室的电灯打开，并没有课程安排。学生可以来教室做作业、看书，也可以在寝室休息。

我每天晚上都会到教室去，因为我发现了一个小的"规律"：学校里的几位老师经常会到教室里去走一圈。于是，我每天都会把学习中遇到的各种"问题"用一个小本子记好，等晚上老师来"串门"时，我就把本子拿出来，与老师们讨论，向老师们请教！

那时候，"问题记录本"伴随着我中学生活的每一天，因为本子不大（64开大小），我总是把它放在口袋里，没事时，我会把"问题记录本"拿出来看看，以此为乐（因为那时候没有手机、电子书之类的）。

老实说，这种学习方法真的特别管用。中考时，我的7门课程一共才扣除18分，有几个地方还是因为粗心导致的错误。

这些"问题记录本"一直陪伴我直到大学毕业。非常遗憾的是，毕业时我的一箱书被邮局弄丢，"问题记录本"从此流失！

如果你也想建个"问题记录本"，我有2个小建议：

（1）分科目记录在不同的记录本上。

（2）初中生的记录本可以小些，高中生的记录本不妨大一些。

最后，希望"问题记录本"一直陪伴着你的学习时光；希望"问题记录本"能够给你的人生带来更多辉煌！

七、可以一知半解

很多人看到标题就会质疑："老师，怎么能够一知半解呢？"

事实上，许多问题，我们都是无法穷其根，究其底的。我们允许自己"一知半解"，并不是放低对自己的要求，而是遵从客观规律，不给自己过多的压力和负担。允许"一知半解"，既是对神秘大自然的一种认同，也是对自我能力的一种正确认知。

请让我做进一步分析：

2017年，西蒙拿到国际料理大赛的金奖，受到多家媒体的关注。有一位记者采访西蒙时间："西蒙先生，您处理料理时一定会用到食盐，请问您在每份料理中到底使用了多少克食盐？"

西蒙："我并不十分清楚，2~4克吧！"

记者："到底是2克，还是4克？它们整整相差一倍呀！"

西蒙："有什么问题吗？"

记者："西蒙先生，食盐可不是水果。在你的料理中，相差一倍的食盐对食物摄人者的健康来说，没有影响吗？有没有人会因为食盐摄入过多而影响健康？"

西蒙："应该没有，我不太清楚你的问题。抱歉！"

……

作为厨师，西蒙对食盐的使用这一最基本的问题都不是很清楚，可见，他对料理的很多问题其实也是"一知半解"的。那么，西蒙是否就不能成为一名合格的厨师呢？

谈到"一知半解"，我还可以举很多例子：

小时候，母亲会把发了芽的土豆扔掉或者挖除芽眼。我问母亲："妈妈，为什么要把土豆挖掉一块呀，我们家不是菜不够吗？"

"这个地方吃不得！"

"妈妈，为什么吃不得？土豆不是很好吃吗？"

不识一字，从未上过学的妈妈说："我也不知道，是我的妈妈告诉我的。"
……

在这里，"一知半解"的妈妈给了我无比幸福的童年，也教给了我无数的"知识"！"一知半解"并不妨碍母亲的生活，也不妨碍她给我们带来幸福的生活！

有人说，你妈妈的时代都过去了，我们现在谈的是学习，学习中也允许"一知半解"吗？

我同样会回答你："是的！"对待学习中的一部分问题，我们要想办法去理解、去解决。但是，对于另一部分问题，我们并不需要"穷根究底"，有时候，"一知半解"就可以了！

我所讲的"一知半解"，应该包括下面这几层意思：

（1）对于学习中的某些尚未解决的问题，我们可以尝试深入研究，也可以仅做些简单了解，不需耗费过多的时间和精力，是为"一知半解"。毕竟，未知的世界无限广阔，我们的能力和时间都是有限的。我们不是科学家，也不具备独立进行科学研究的能力。如果我们把自己的时间耗在一些力不能及的问题上，我们将会错过大好的学习时光。

（2）对于某些意义不大的问题，我们不用过多去关注。我们应该把自己的注意力集中在需要的地方。如果我们对大千世界的每一个问题都要穷根究底，那么，可能我们这一辈子都不够用。我们一双手只能抓一条鱼，如果你看到河流中有100条鱼，而你偏偏想用自己的一双手把所有的鱼抓起来。我想，你最终会两手空空！

（3）对于有些看似与学习无关的新事物，我们也不妨做些关注和了解，哪怕是一点点也行，这也是一种"一知半解"。这种"一知半解"能够拓宽我们的视野，对我们今后的发展是有益的。

⬛ 主题 3：思 ⬛

一、教后思

教与学是一个统一的整体。教学中，教师的教引领着学生前进的方向，也在很大程度上影响甚至决定着学生的发展高度。因此，教学中教师的作用是极为重要的。

教师怎样把自己的工作做得更加完美呢？

答案是——教后思！

是的，教学工作是极为复杂的。虽然老师们会在课前进行非常认真且细致的准备，但是在教学中往往还是会出现各种各样的问题，甚至还会有一些纰漏、错误。因此，在课后，教师还应该对自己的工作进行认真反思、总结。

教师的教后思应该包括下列几个方面：

1. 本节课的教学内容是否完整，教学目标是否达到

每一节课，教师都会根据教学大纲（或课程标准）与教学内容确定自己的教学目标。上完课后，教师要回过头来进行梳理，本节的教学目标是否已经达到，有没有遗漏需要在下节课进行补充的内容。如果有，要及时记录下来，并在后面的教学中进行补充与落实。教学内容不完整、教学目标因为某些原因而没有达到，这在教学中都是极为正常的情况。但教师必须进行课后的思考与总结，并及时进行补充与强调！

2. 学生的课堂表现，学生对课堂内容的掌握情况

事实上，学生的课堂表现与其对课堂内容的掌握情况密切相关。如果在课堂上，每一个同学都非常投入，积极参与对课堂内容的学习与讨论，能够随着课堂节奏提出有价值的问题，能够围绕老师或同学提出的问题进行思考并发表自己的见解，这样的学习一定是有效的。反过来，如果上课时有部分同学的注意力不集中，全节课几乎没有提出任何问题，也不对其他同学提出的问题做出反应，那么这部分同学的学习一定是有问题的。对此，教师要记录下来，并通过与这部分学生的课后交谈来及时了解情况，在今后的工作中及时进行调整。

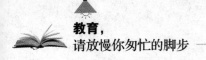

3. 本节课中的亮点

任何一节课都是在教师与学生的合作与碰撞中完成的。它常常会产生一些耀眼的火花。比如：学生提出的某个问题（教师没有想到的）；学生举出的某个例子（教师没有见到的）；学生提到的在生活中遇到的某些现象（教师没有碰到的）；学生思考问题的独特角度（教师没有预料到的）等。古人特别重视"教学相长"，这些在课堂中出现的"火花"即是教师需要及时学习的地方。教师要及时把这些思想的"火花"记录下来，因为它们就是本节课中的亮点。

4. 本节课需要改进的地方

绝大多数的课堂都是按照老师的课堂设计逐步演绎、发展而形成的。每一节课都是没有也无法进行"彩排"的。因此，课堂中有许多东西都是教师无法预料和把控的。很显然，这中间一定会出现一些不尽人意的地方。对此，教师应该及时进行反思，把教学中的某些不足之处记录下来，并认真思考改进的方法，以利今后的改进和提高。

总之，任何一节课上完后，作为教师都应该回过头来进行本节课的反思和总结。只有这样，教师的工作才会逐渐走向高处，教学的目的才能真正达到。

当然，这对所有的教师来说，都是一项极为繁杂的工作，它需要教师为此做出艰辛的付出！

二、思考是学习的第一要务

无论从哪个角度讲，思考对学生的学习都是极为重要的！

先举几个例子吧：

高斯（著名数学家）小时候就很爱思考。有一天，高斯和其他小朋友因为上课时"捣蛋"被数学老师留了下来。老师说，从现在开始，请你们从1加到100，谁先算出正确的答案，谁就可以先离校回家。同学们都开始仔细地演算，唯独高斯抬着头在思考，仅仅2分钟，高斯就得出了答案。原来，高斯发现：$1+100=101$，$2+99=101$，$3+98=101\cdots50+51=101$，所以，从1加到100，就有50个101。于是，他很快就得出了答案：5050。从这个例子可以看出，思考可以帮助我们从繁重地演算中解脱出来。

爱迪生也特别喜欢思考问题，有一天，他见母鸡孵化出小鸡了，于是思考："我能不能孵化出小鸡呢？"于是，他弄好一堆鸡蛋，学着母鸡的样子坐在鸡蛋上开始孵小鸡。这个故事在今天的读者看来也许觉得有些好笑，但正是这种爱思考的品质，造就了一代最伟大的发明家！

同样的科学家还有牛顿、笛卡尔、达尔文等。

因为思考，他们在各自的领域脱颖而出；因为思考，他们发现了许多解决问题的独到方法；因为思考，他们发现了许多现象之后的规律，并因此造福人类。

驴特别地勤劳，每天拉着磨盘转，一年又一年，春去又秋来。

驴慢慢老了，工作的效率也慢了下来。在此情况下，主人开始思考：我能不能用其他动力来帮助我，并进一步提高效率呢？

于是，人们找到了水力磨盘、电力磨盘，从而极大地提高了生产效率，并把驴从劳动中解放出来。

这就是思考的作用！

三、学会思考

前面我们介绍了学习中思考的重要性。有同学会问，老师，那我们该如何进行思考呢？

这是一个比较复杂的问题。让我们以初中生物中"植物的光合作用"一节的学习为例，简单介绍一下吧！

在学习植物的光合作用时，老师往往会提出下列问题：

什么是植物的光合作用？植物是如何进行光合作用的？

植物的光合作用有何重要意义？

植物的光合作用在什么地方进行？它需要哪些原料？它的产品有哪些？植物进行光合作用需要哪些条件？植物每时每刻都能进行光合作用吗？

植物的每一个细胞都能进行光合作用吗？

有没有不能进行光合作用的植物？如果不进行光合作用，植物会死亡吗？

其他生物能够进行光合作用吗？

有没有什么办法促进植物的光合作用？

……

其实，老师提出的这些问题就是我们需要认真思考并准确掌握的。在学习初期，我们不妨把老师提出的这些问题记录下来，然后一个一个解决。这些解

决问题的过程就是我们思考的过程。经过一段时间的训练，即使没有老师提出相应的问题，我们也能够很快地抓住一些重要问题，并主动去寻找答案，这就是思考！

由此可见，思考的范围其实是非常广泛的。那么，学习时我们该如何把握思考范围呢？我们认为，思考问题时，不妨把相关内容进行如下分级：

（我们以"细胞"知识为例）

第一级：思考的初级阶段，介于对某些概念的了解和初步掌握，不做很深的要求。

（1）细胞是什么？

（2）细胞的基本结构包括哪些部分？

（3）动物细胞与植物细胞的结构是否相同？

（4）细胞的主要功能是什么？

第二级：思考的中级阶段，以某一知识点（如"细胞的结构和功能的关系"）为中心，适当进行拓展与深化。

（1）细胞膜的基本功能是什么？细胞膜的结构是如何与其功能相适应的？

（2）细胞核（细胞质）的基本功能是什么？细胞核（细胞质）的结构是如何与其功能相适应的？

（3）从结构上看，植物细胞与动物细胞的功能有何不同？

第三级：思考的高级阶段，要更加注重事物内部的本质，更加注重从表面看不到的内涵，更加注重细节的描述。（以"细胞的亚显微结构"为例）

（1）细胞的亚显微结构是怎样的？

（2）细胞膜的亚显微结构与其功能（选择透过性）是如何相适应的？

（3）细胞膜中的蛋白质包括哪些种类？它们的作用相同吗？

（4）细胞膜中的磷脂、胆固醇的作用是什么？

（5）细胞的识别与糖蛋白之间的关系是怎样的？

……

这些分级的工作，学生是无法独自完成的。笔者在这里提出，是希望老师们在指导学生思考时，要注意学生的现有知识水平和对学生的培养目标，在相对合理的情况下有效提升学生的思考能力。

在教学活动中，学生思维能力的培养是非常重要的，它远远强于对书本知识的解读和传授。另外，学生的思维能力是在教师的培养中逐步提高的。作为教师，一定要通过问题的设置来逐步提高学生的思维能力。

四、边画边思

上面介绍了教师对学生思维能力的培养。事实上，学生在学习的过程中加强摸索，多动脑筋，有意识地加强自我思维能力的训练，这对学生自身的成长尤为重要。

学生该如何进行自我思维的训练呢？

笔者认为，思维的训练应该是随时随地的。读中学时，笔者迷上了绘画，上课下课都喜欢把看到的一些东西画一画。在绘画的过程中，笔者常常会有下列思考：

这个草履虫（或者是一条鱼）我能不能画成方形的？

大自然中有没有方形的草履虫？

如果草履虫长成方形的，除了样子有点古板外，对它的生活（生存）有没有影响？

……

事实上，这些问题经常在我的脑海中出现，并让我不自觉进行思考，甚至因此而深入下去，并向书本和他人请教。现在想来，这些不自觉的思考过程，其实就是一种优良品质的培养，它对我的成长应该是意义非凡的！

在绘画中，我常常还在思考这样一些问题：这个结构我可不可以拆掉，如果把它拆下来，整个房子（或物品）会不会受影响？假如某个人（或动物）缺少了眼睛，它将如何生存呢？如果动物多了一条腿，它会跑得更加快吗？

也许，有许多人对周围的事物漠不关心，对许多事情习以为常。但是，笔者在这里提醒大家：多对身边的事物投以关注，多思考几个为什么。这对你的健康成长非常重要。遇事多问几个为什么，我们的目光就会变得更加敏锐，我们的思维就会变得更加清晰，我们处理问题的能力便会不断提升。

常常，我发现周围的许多学生，无论是吃饭、走路，还是坐公交车，都是拿着手机、戴着耳机，沉醉在虚拟的网络世界中。笔者认为，该对他们大喝一声，把他们警醒了！

真的，我非常希望同学们都能够静下来，在真实的大千世界中多动手实

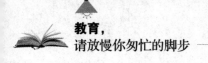

践，多用脑思考，多用心体会！如果我们对生活中的各种事情都充满好奇，遇事都喜欢去问个为什么，我们的思维能力一定会不断提升。

五、把问题一个个记录下来

提出问题、加强思考是每一个学生都应该认真培养的良好品质，也是学生提高自己学习成绩的最佳途径。

但是，如果某个问题出现了，解决了，然后很快被你遗忘了。下一次，类似的问题再出现时，估计你还得大费周章。因此，在学习阶段，建议你把自己在学习生活中遇到的所有问题都一个个记录下来，并在今后随时随地把记录本拿出来重温。这样，所有的问题都会成为你成长过程中的有机营养！

把问题记录下来是一个良好的习惯！

常常有同学问："老师，问题不是解决了吗？为什么还要记录下来呢，这不是浪费时间吗？"表面上看，这似乎很有道理。但是，如果我们仔细进行分析，你会发现，你的记录是非常有意义的。

通常，解决"你的问题"的往往是别人。他人确实解答了这个问题，也讲了个一、二、三。但是，从你的角度讲，你能够把这个"一、二、三"讲清楚吗？把问题记录下来，把解决问题的"一、二、三"记录下来，其实，这就是一个加强学习和理清自我思维的过程。以前有句俗话"好记性不如烂笔头"，我想，它应该就是强调"记录"的重要性。

当然，记录问题还有下列好处：

（1）作为今后解决类似问题的参考。

（2）从这些问题及其解决方法中获得灵感，发现新的问题，寻找新的方法。

（3）加强理解和记忆。

……

对于一些暂时无法解决的问题，我们的记录就尤为重要了。忽视它，这个问题可能就会被永远抛诸脑后；记录下来，则总有解决的一天！

六、还有其他更好的方法吗

通常，当我们解决了学习中遇到的某些问题时，我们会非常高兴，甚至是欢呼雀跃。但此时，我建议你不要跳起来，而是冷静下来进一步思考——还有其他更好的办法吗？

遇到问题时，我们的思维往往受阻。一旦找到解决的方法，我们便会感觉豁然开朗。此时，我们的思维会处于一种非常活跃的状态。通过类比、反思，我们往往会很快找到类似的方法，甚至是更好的方法。

所以，在解决问题后，我们不要马上开始庆祝，而应该进一步反思，扩大我们的成果。经常进行这样的培养，我们的思维也会不断升级。

从理论上讲，解决问题的途径都不止一个，我们不仅要能够解决问题，还要学会选择，用最佳的方式去解决问题。

比方说，在经济条件有限的情况下，我想利用暑假的时间从湖南出发去北京旅游，我该选择何种出行方式呢？

这当然不是一个很复杂的问题，但不同的选择带来的收益与付出是不同的。下面我们来做个简单的分析：

方法一：乘飞机直接去，明天（8月7日）出发，经济舱，耗时2小时35分钟，票价1480元起；

方法二：乘飞机直接去，8月27日出发（提前预订票），经济舱，票价900元起；

同样的出行方式，选择不同的时间点，花费的钱不同。

方法三：乘飞机先到青岛（中间目的地），在青岛旅游4天，再从青岛飞北京；

选择一个中转站，可以到达2个不同的目的地，在时间充裕的情况下，也是一种不错的选择。

方法四：坐高铁直接去，明天出发，二等座，耗时6小时48分钟，票价698元起；

方法五：坐高铁先去青岛，再从青岛去北京；

更换一种交通工具，时间上略微增加了一些，但从经济的角度讲就划算多了。

方法六：坐火车，明天出发，硬座，耗时16小时18分，票价189.5元起；

选择火车出行，虽然更加经济，但耗时过长，一般情况下不会考虑。但在有时间有心情的时候，确实是一种悠闲出游、走遍世界的好方法。

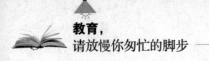

方法七：自驾直接去北京，耗时约16小时40分钟，行程1510公里，774元；自驾车可以走走停停，一路欣赏沿途的风光，非常自由。

方法八：滴滴打车（顺风车），拼座，634.6元；不拼座，1669.6元；相比自驾游，这种选择更加轻松和优越，花费的钱也不多，还可以结识几个好朋友。

……

由此可见，不同的选择，花费的时间、金钱不同，欣赏风景，收获的阅历，交通工具的安全性等也不同。所以，要解决同样的问题，往往有多种路径。我们要学会选择最佳的方案。

这种选择能力，靠我们平常的锻炼。遇到任何问题时，我们不能仅仅满足于解决它，而应该寻找最佳途径去解决它。

七、我该怎样面对考试失分的情况

每次考试完毕，我们都要面对考试失分的情况。不同的是，有的人失分多，有的人失分少。

失分少的同学，矜持一些的，往往微微一笑，心中充满喜悦，把错误的地方匆匆看一遍（看老师有没有看错，是否还能够加分），然后把试卷仔细折好，再看看周围其他同学的考试情况。不矜持的同学，看到自己的成绩后，一般会先问同桌的好友（暗地里的竞争对象）："你考了多少分？"如果好友比自己考分高，则马上"销声匿迹"，不再声张；如果好友比自己考分少，则更加兴奋，挤过去仔细"观赏"好友的试卷。

失分多的同学，在第一眼看到自己的分数后，往往会快速地把试卷塞到课桌下（或者书包中），然后把身子伏在课桌上。一些男同学则是快速地把试卷揉成纸团，随便把它塞在某一个角落（让它失踪），然后扭头去看看其他的同学（不是看其他同学的试卷），一副满不在乎十分潇洒的表情。

……

站在讲台上，你只要仔细观察每一个同学的表情，就能准确判断出他们的成绩。

事实上，同学们的这些表情都是很正常的！我们知道，每个人都有自己的"面子"。考得不好的同学，当然马上要遮住"面子"；考得好的同学，当然要乘机露露"面子"。

其实，任何一次考试，分数都不是最重要的。考得好的，不能因此骄傲；考得不好的，不能因此颓废！每次考试，只是用来对我们前段时间的学习情况进行粗略检测，它的主要作用是暴露我们的不足，并引起我们的注意。每一次考试完毕，我们应该把失分的地方一一标记，把错误的地方更正过来，把不懂的地方搞懂。

每次考试，我们都应该"感谢"那些失分的地方，因为它们指出了我们的不足！

八、我是否该弄清每一个问题

无论是在学习还是生活中，我们都会遇到许许多多的问题。勤于思考的你，可能会因此而不厌其烦。但是，对于这些问题，我们需要全部把它弄懂吗？

答案当然是否定的。我们没有能力也没有时间来解决生活中的每一个问题！

正确的做法是：重视其中的一部分问题，忽略另一部分问题。

这种说法比较抽象，举个具体的例子吧：

在思维训练课上，老师提出了一个问题："你能指出纸张的100种作用吗？"很多学生开始思考，并很快说出了许多答案：纸张可以用来写字、绘画、折纸飞机、做墙纸、做衣服、搽玻璃、搽碗上油渍、遮光、反光、烧水、盛水……

看着同学们的思维如此活跃，小明想："纸张到底有多少种作用呢？"

在这里，小明的问题就是一个没有答案的问题。类似这样的问题，我们就可以忽略！

再比如，学习完"植物的光合作用"，小明又开始思考："动物能不能进行光合作用呢？""大千世界，有没有一些特殊的动物也可以进行光合作用呢？""为什么人不进行光合作用？如果我们也进行光合作用，是不是就不需要吃饭了呀？""能不能把人改造成可以进行光合作用的人？怎么改造合理呢？""生物都会变异的，10 000年以后，有没有可能变异出可以进行光合作用的人呢？"如此等等。

不用说，小明的思维是非常活跃的，他一下子提出了这许多的问题。很显然，小明是无法一下子解决这些问题的，尤其是小明的最后一个问题，它显然

是没有什么意义的。对于这样的问题，我们通通可以舍弃。

积极思考是一种优良品质，但生活与学习中的问题是无穷无尽的，我们要学会选择，学会放弃。

九、这节课我收获了什么

学完每一节课，我们都要回头来总结："这节课，老师主要介绍了哪些知识？我收获了哪些？还有哪些问题我没有弄清楚？我接下来该做什么？"

有同学会说："老师，下课了，我没有那么多时间来总结啊。如果我按照你说的做，我就没有课间休息了！"

这位同学的说法很有道理，我们一定要有课间休息！那么，怎样解决上述问题呢？

（1）我们可以建议学校延长课间休息时间，由10分钟延长到20分钟。

（2）建议你把总结的时间放在课堂中，或者是放学回家后，也可以把二者结合起来。

有同学会问："老师，我们每一节课后，都要进行这几个方面的总结吗？"

我的回答是："要的！我们前面讲'一步一个脚印'，每学习一步，我们都应该留下一个'脚印'。而我们进行课后总结，就是留下'脚印'！"

有人说，每节课后都要这样做，不是太麻烦了吗？

是的，确实有点麻烦。因此，我建议你自己设计（或者购买）一个专门的听课记录本，在记录本的每一页后都设计一个"课后总结"专栏。如下表：

课后总结

课题名称	如：《植物的光合作用》		备注
课堂记录			
课堂练习 （课后作业）			
课后总结	（1）我的收获：		
	（2）我存在的问题：		
	（3）接下来我该做什么：		

如果我们能够坚持这样做，一段时间后，我们的学习将会上升到一个全新

的高度！

同学们，建议你从现在开始就这样做！

十、我一定能够解决这个问题

学习中，我们无疑会遇到许许多多的问题，有些问题可能能够轻松解决，有些问题可能非常复杂，我们一下子解决不了。

怎么办呢？

首先，我们要认识到，学习中的问题是指引我们前进的灯塔。学习的过程，就是不断解决问题、不断前进的过程。遇到任何问题，我们都不能绕着走！

其次，我们应该明确，学习中遇到的问题应该由我们自己来解决，而不是简单地把它交给老师，由老师来解决。当然，我们可以参考各种资料，可以和同学、老师交流。我们的每一点进步，都是在解决问题的过程中获得的。

最后，面对所有的问题，我们都应该坚信：我能行，我一定能够解决这个问题！坚定的信念、执着的精神、百折不挠的品质，是我们应对一切困难的基础，是我们解决一切问题的基础！

我一定能够解决这个问题！

主题4：练

一、学后练

学习，不应该只有理论（或原理）知识的传授，还应该有实践的训练。所以，每堂课中或课后，老师通常会布置一定的作业，称为课堂作业、课后作业（或称家庭作业）。

这种做法是非常正确的。通过一定的作业（练习题），我们可以检验自己对相关知识的掌握情况，加深对学习内容的理解；或者是与生活结合起来，利用所学知识去分析并解决实际生活中遇到的问题。

现在有人提出要"减轻学生的课业负担"，于是，有人提出要减少学生的课后作业，甚至是不布置作业。

对此，我们要具体问题具体分析。

首先，过多过量的课后作业并不有利于学生的学习。如今很多地方，都有"题海战役"的说法，很多人介绍学习方法时就说："多刷题，成绩就上来了。"对此，笔者是不认同的。一定量的作业可以帮助学生理解和掌握所学知识，一旦过量，几科作业累积起来就是一项沉重的负担了。为了减轻（自己的）负担，孩子们不得不马虎为之，这样的"作业"就没有什么意义了。

如果当地的"作业"是过量的，则"减负"就顺理成章了。

如果作业并不多，为了减负而减作业就不好了。没有作业（或练习），我们对相关知识的理解是不够的。用一句通俗的话来讲：如果不动笔，哪怕我们熟读《唐诗》一万首，恐怕也写不出一篇像样的文章！

当然，作业的形式可以多种多样，这一点在后面讨论。

二、一定要独立完成作业吗

作业，是课堂学习的补充和强化。一定量的作业，对于学生掌握相应的课堂知识是非常重要的。

许多老师在布置作业时，往往有这样的说法："请大家独立完成这些课后作业！"

这种说法是否恰当呢？

作业的目的，是通过练习题来巩固和强化所学知识。如果学生是在家长的指导下（不是"独立"）认真完成了这些练习题，相信他也可以加深对所学知识的理解。这样的做法行不行呢？我们不妨来做些讨论：

第一种情况：家长不闻不问，完全让学生"独立"完成。对于那些非常自觉的孩子，这样做是没有什么问题的；对于那些不太自觉的孩子，这样做恐怕就不行了。毕竟，在没有监督的情况下，人的自觉性是很不够的。

第二种情况：家长适度陪伴，在孩子有困难时提供一定的帮助，在孩子懈怠时进行鼓励，在孩子有错误时及时指出。我想，这种情况比第一种情况应该要好很多。并且，家长在关注孩子的作业情况时，可以及时了解孩子的学习情况。

基于此，有以下两点建议：

（1）作为家长，在孩子完成课后作业时，要尽可能多地给予"关注"和

"陪伴"。

（2）作为教师，不妨有意识地布置一些"亲子互动作业"，引导学生和家长多接触，共同完成相关作业。这样的作业会更有"作用"！

当然，作为教师一定要注意作业的量与"频度"，如果因此把家长也"捆绑"起来，则会给家长带来额外的负担，反而不好！

三、形式多样的作业

作业的形式应该多种多样。

语文作业，除了那些"必背""必读"的作品，不妨让学生更广泛地阅读报纸、杂志、宣传标语、药品说明书、风景名胜区等上面的对联或简介。

数学作业，不妨让学生回家测量一下家庭每天的用电量、用水量、家庭成员的收支比；做做旅游路线的规划、家庭投资策划、家庭装修预算等。

物理作业，不妨让孩子回家测量一下纸张的厚度、头发丝的直径、电池剩余的电量、手机的电阻、电脑的辐射量等。

美术作业，不妨让孩子回家做个水杯、饭碗、水壶；也不妨让学生做一件雕塑作品、版画；做一个个性LOGO、名片；做一本家庭影集等等。

生物作业，不妨让孩子做一朵塑料花、做一个生物特色贺卡、（用自选材料）做一个人体骨架、做一个人体血液循环的模式图；腌制一瓶泡菜、设计一个中餐食谱、打理一个花园、做做扦插和嫁接活动等。

……

这些作业也许不符合教材的要求，但它符合孩子们发展的要求，符合未来的要求！

四、给自己布置作业

给自己布置作业，行吗？

"选课走班"，由于班级、课程和教师都是不固定的，必将出现这样一种情况：老师布置的作业，得不到及时相应的检查。因为班级与时间的不确定，老师和学生很难对接上。

没有检查，老师布置的作业就失去了相应的价值。学生不知道自己的作业是否正确，老师也无法通过作业来了解学生的学习情况。

最后，部分老师可能会因此取消传统的"作业"。

对于学生的学习来说，如果没有一定的"作业"来训练与强化，那么其对知识的掌握是不够的。因此，作业是必不可少的！

怎么办呢？解决的办法就是学生给自己布置作业。在课前，请老师个别指导（查阅），从而加深自己对所学知识的理解。

给自己布置作业，既是对自己学习的负责任，也是一种自我学习能力的培养。它对学生的成长也是极其有用的。

你觉得怎么样？试一试吧！

五、我的艺术作品

生活不是艺术，但我们不妨把生活艺术化。

当我们的各科作业都以"艺术作品"的形式呈现在老师们的面前时，我们的学习就上升到了一个非常高的高度！

为什么要这样做呢？下面我们一起来看两个真实的事例：

2017年，笔者的一位朋友参评"长沙市友谊教育科研奖"，老实说，这位朋友是非常优秀的，光国家级的奖项就有好几项，按理说，他评个友谊奖是"手到擒来"，但最后他落选了！究其原因——他把自己的那些证书用一个铁夹子随意地夹着，提交的整个材料就是一摞"废纸"，估计评委们都没有看一眼！

2018年，笔者的一位同乡去某单位应聘，老实说，同乡的学历与学校都很一般，他也没有什么工作经验。但结果是，在100多人的激烈竞争中，他竟脱颖而出、拔得头筹！原因又是什么呢？原来，他的自荐材料做得非常漂亮，像一件"艺术品"，评委老师一眼就看中了他！

这里讲的"艺术品"，并不仅仅是一个"形式"的问题，它是内在品质和高尚品味的呈现。如果你的每一次作业都是精雕细刻、一丝不苟精心设计的，你一定会获得老师（评委）的青睐。相反，如果你的作业是随随便便、敷衍塞责、潦草不堪的，你一定会错过老师（评委）的肯定。

像打造"艺术品"一样打造你的生活，把自己的每一件作品都打造成精美的令人爱不释手的"艺术品"吧！

趁年轻，打造好你的"艺术作品"，打造你的完美人生！

主题5：行

一、设计方案

方案的设计，应用于生活的方方面面。

在学校里，组织一次社团活动、一场辩论赛、一场小型运动会、一次篝火晚会，都需要有相应的活动方案；在工作中，召开一次家长会、组织一次工会活动、举办一次户外教学研讨、开发一种新产品、主持一项园林设计、城市规划等，也都需要有相应的方案。哪怕是接待一个旅游团队，或者是一家人外出旅行，我们都要有完整的方案。

由此可见，设计方案与我们的生活密不可分。作为中学生，加强方案设计方面的训练，是非常有必要的。

目前的初中《生物》教材中，有关于"探究实验"的方案设计，这是一个非常重要的内容。

事实上，在每一门课程中，我们都需要带领学生进行方案设计，这对于学生适应以后的社会生活是非常有益的。比方说：

物理课，老师不妨带领学生模拟交通红绿灯的电路设计。

化学课，老师可以给学生提供一些原料（如枯枝败叶），让学生设计合成某种产品（酒精）的流程图。

地理课，老师可以要求学生开发一条旅行的路线。

历史课，老师可以要求学生模拟指挥一次大型战役（如辽沈战役、对越自卫反击战）。

政治课，老师可以要求学生组织一场辩论赛。

生物课，老师可以要求学生设计一份营养午餐，以接待某一大型来访团队。

美术课，老师可以要求学生设计所在城市的标志性建筑（或雕塑）。

体育课，老师可以要求学生为学校运动会设计一本秩序册。

……

设计方案时，学生要考虑的内容和细节非常丰富，这对学生综合能力的

培养是极为有利的。一开始，学生设计的方案可能会有许多不足，但在老师和同学的帮助下，经过反复的修改和打磨，其方案一定会越来越好。在这个过程中，学生不仅学会了进行方案设计的一般程序，了解了方案设计的重要性。同时，他们还学会了查找资料、与其他同学交流合作、绘制图纸、准确表达等。这对提升学生的各种能力无疑是非常有益的。

在中学阶段，我建议多开设些方案设计方面的课程！

二、参与课题研究

目前，在中学阶段有研究性学习以及科技创新活动。它们都是在老师的指导下，选择一定的课题进行研究的。这些活动与科学家的科研工作其实没有什么区别。

中学生应该大力开展课题研究活动。

在美国，小学生就有自己的研究课题，和科学家一样，他们需要查阅资料、设计实验方案、进行数据统计和分析、得出结论、撰写课题研究报告等。

开展课题研究，首先要学会选题。一般地，课题来源于自己的生活，我们可以从身边的一些现象或问题入手，寻找突破或解决该问题的方法（或路径）。

下面是我指导的生物兴趣小组的学生所研究的一些课题，列举如下，供大家参考：

（1）《切花保鲜适宜条件的研究》。

（2）《探究叶片数量与植物蒸腾作用的关系》。

（3）《比较生长素、土壤浸出液、蒸馏水对月季枝条生根的影响》。

（4）《构建和谐的城市生态社区》。

这些课题都比较小，尤其是第（2）、（3）个，非常容易展开研究。在课题研究的初期，不妨选择这样一些小型课题。

课题研究开始前，可以先和3～5个同学一起组建课题研究小组，大家一起了解课题研究的一般步骤。然后进行小组成员的分工，在指导老师的帮助下明确每个人的任务。

课题研究开始，首先要和小组成员一起设计研究方案，然后按照方案一步一步地展开研究工作，并用文字记录自己的研究过程。一定要科学严谨地进行实验，认真记录实验数据，并与小组成员一起学会分析实验数据。最后，研究小组共同形成课题研究报告。

参与课题研究，把书本知识和生活实际相结合，利用书本知识解决生活中的一些简单问题，对每一个人今后的发展都有着十分重要的意义！在研究中，大家学会了查阅资料、设计研究方案、与小组成员合作等，各种能力都会有显著提高。

三、头脑风暴

什么是头脑风暴呢？

中央电视台有个节目叫《异想天开》，它要求节目参与者用一些木棍和细线搭建一座桥梁，看哪个小组搭建的桥梁更牢固更能承重。

同样，在《诗词大会》节目上，主持人要求参与者在一定时间内，列举（背诵）尽可能多的含有"秋""月"等字的诗句，看谁背得又多又好。

还有，自习课上，老师要求同学们列举白纸的100种作用、铅笔的100种作用；国际竞赛中，要求大家用最少的附加材料和最短的时间从3楼扔下鸡蛋（不能让蛋破碎）

……

这就是头脑风暴。

头脑风暴要求我们要充分调动自己的知识储备，发挥自己的聪明才智与想象力来完成一定的任务。这是对我们头脑的一种极好的锻炼。

同样在中央电视台，它还有一个节目叫《荒野求生》。在渺无人烟的孤岛丛林中，没有面包、牛奶，也没有干净的瓶装水，没有火，没有帐篷，你如何生存下来？如何呼救？如何死里逃生呢？

这个节目，告诉了我们"头脑风暴"的作用和意义。

四、做志愿者

在高中阶段，积极投身于社会实践活动中，做志愿者，做社团活动的组织者，很有必要。

2008年，四川汶川发生特大地震。得知这一消息，长沙市一中的马天之同学立刻放下书本，赶赴四川，和其他来自全国各地的救援者一起参与了救助灾民的工作。

"看到那些小孩子、自己的同龄人正在遭受巨大的灾难和痛苦，我觉得自己必须做些什么。"去年5月12日，年仅16岁的马天之知道汶川大地震的消息后，自备干粮、野营设备后，只身前往汶川地震重灾区，成为第一批进入什邡市红白镇开展抢险救援的志愿者。他是救援队里年龄最小的成员，也是一个优秀的营救员。他在脚踝多次受伤，负重40多公斤，道路崎岖，生命随时受到威胁的情况下，曾护送多位老人翻山越岭10多公里抵达安全地区。

汶川救灾这一独特经历，使马天之在申请美国大学时脱颖而出，他这一举打动了迈阿密大学等9所美国名校的招生委员会。其中德雷赛尔大学和华盛顿州立大学还分别给予他84 000美元和16 000美元的高额奖学金。

像马天之同学这样的志愿者，在同胞遭受灾难的关键时刻，不顾自身的安危，勇敢地赶赴灾区参与救助工作，体现了一个普通中学生的"大爱"胸襟，也展现了其"勇敢、乐于助人"的高尚品质。他被美国9所高校高度认可，很值得我们同龄人认真学习。

以前，有人把校园称为独立于社会之外的"象牙塔"，在今天看来，这种观点已经过时了。学校与社会从来就不应该割裂开来。今天校园内的学习，就是为了适应明天复杂的社会生活。

做志愿者，可以奉献爱心，服务社会。

做志愿者，可以锤炼自己的品质，提升自己的能力。

做志愿者，可以让自己和他人都获得幸福！

五、学会与人相处

中学生还要学会与人相处。

我们知道个人的力量是有限的，要想成就一番事业，我们需要有一定的团队，我们需要和团队成员和谐相处并密切配合。

作为同学，我们在学习上是竞争对手。因为竞争，我们难免会有一些矛盾。那么，如何处理这些矛盾，如何与同学们和谐相处，这是我们不可回避的问题。

新东方教育集团的董事长俞敏洪给我们提供了表率：据说俞敏洪在北大读书期间，寝室的卫生打扫与打开水等事项被他一个人全包下来了。俞敏洪这样做，其实不是为了讨好其他同学，他只是觉得这样做很正常，也能加深同学们之间的友谊。事实上，他的付出（服务他人的意识）很快就有了回报（他获得同学们的普遍认可）。在后来他创办新东方教育集团时，一大批同学纷纷赶来加盟并支持他，新东方的事业一下子兴旺起来，这就是同学们对他最真诚的回报。

与同学相处，要有一颗真诚的心，要有团队意识和合作精神。

与同学相处，要有一定的服务意识。

与同学相处，要少计较个人的得失，多从别人的角度看问题。

与同学相处，要学会尊重他人、宽容他人、善待他人！

六、寻找自己的强项

拿破仑·希尔有一本著作《改变你的一生——经营自己的强项》，这本书给我的影响很大。这本书的《序言》中有这样一段话：

在日常生活中，总有许多人渴望自己能够走出困境，获得成功，但又苦于找不到出路，因此身心俱疲，失望至极。甚至，对自己的人生都觉得索然无味。除此之外，还有一种人就是准备再来一次，结果还是陷入失败的怪圈中。

为什么会有这种现象发生呢？

宽泛地讲，我们的错误在于：不了解自己的强项是什么。常常过高或过低地估计自己的能力，本来有能力做成的事，结果因犹豫不决而错失时机；本来无能力做成的事，结果因求胜心切而贸然出击。这都是因为看不清、看不准自己到底"该干什么"和"不该干什么"而导致的不良后果。在实际生活中，这种人不是一个、两个，而是为数不少。因此，太多的抱怨是没有用的，关键还是要清醒地面对自己，找准自己的强项，并依靠自己的强项去获得成功！

……

从这里我们可以看出寻找自己强项的重要性。

是的，我们都是一名普通的学生，我们不是"全能选手"。我们可能有自己的"强项"，但我们绝对不可能"每门都强"。在面对学习、面对不同的竞争对手时，我们要充分利用自己的强项。

有的同学说："我感觉自己每门功课都一般，根本没有什么强项。"

也有的同学说："我学习上不如××、××；运动上不如××、××；情商也不如××、××。我真的没有发现自己的强项！"

还有的同学说："我的强项就是玩、睡懒觉，我是没有什么希望的！"

对此，我想说，这些同学都低估了自己！每个人都有自己的强项，即使你各方面表现真的不尽如人意，但你可以从现在开始培养自己的强项！

如果你的文化学习不如别人，你可以试着发展自己的艺术天赋；如果你的艺术天赋也不够，你可以试着发展自己的运动特长；如果你的运动能力还是不如别人，你还可以发展自己的服务能力。

针尖的穿透力强，是因为它把所有的力量都集中在很小的一点上。如果我们把自己所有的力量都集中在某个方面，你一定会找到自己的"强项"。

努力吧，发现你的强项并好好地去经营它，你一定能够成功！

七、要有远大理想

理想（或目标）对人的一生是非常重要的。你可以不和别人谈理想，但你一定要有自己明确的人生目标！

许多人怀着美慕、嫉妒的心情看待那些取得成功的人，总认为他们取得成功的原因是有外力相助，于是感叹自己的运气不好。殊不知，成功者取得成功的原因之一，就是因为他们确立了明确的目标（理想）。

一个人有了明确的奋斗目标，也就产生了前进的动力。因而目标不仅是奋斗的方向，更是对自己的一种鞭策。有了目标，就有了热情，有了积极性，就会有使命感和成就感。

成功者总是那些有目标的人，鲜花和荣誉从来不会降临到那些没有目标的人头上。

因此，没有理想，人生就没有目标！这样的人生何来成功！

早些年曾看过一篇文章，其中的主人公（名字忘记了！）在中学时为自己的一生定下了150多个目标，包括登上珠穆朗玛峰、取得博士学位、创立自己的公司、驾驶自己的游艇周游世界等等。老实说，这些目标一辈子能够实现其中的1~2个就非常了不起了。可是，在主人公50岁时，他竟然完成了其中的135个目标，并在积极为其他目标的实现不懈努力着！

理想，也能够给我们提供前进的动力！

朋友们，我们不仅要有自己远大的理想，还要有坚决实现个人理想的毅力。从中学开始，努力学习，为实现自己的理想充分准备吧！

相信你自己，你一定能成功！

八、我为自己骄傲

青春，是一张洁白的纸，它可以用来书写最亮丽的图画！

青春，是一把吉他，它可以用来演奏最华美的乐章！

青春，是学习知识的黄金时代；青春，是拼搏进取的花季。青春，对于所有的人都只有一次，愿你珍惜！

愿你的青春充满奋斗的汗水；愿你的青春印满执着前行的脚步！

为了心中的理想、为了梦中的远方，希望你适时播种、勤劳耕耘、精心呵护、耐心守候，相信，你今天的付出一定会迎来金色的秋收！

当你走过人生的花季，我愿听到你大声地呐喊：

我为自己骄傲！

（2018 年 8 月 12 日）

把"讲台"交给学生

传统的班级授课形式是：老师在讲台上"教"，学生在台下"学"（包括听、记、思考等）。这种形式的优点有许多，包括课堂秩序井然、师生角色分明等。这种形式一直被肯定并被广泛运用。

近年来，随着教育改革的深入，越来越多的人开始注重学生的"自主"。于是，便出现了各种类型的"自主学习课堂"，学生的主观能动性被充分调动起来。

"把讲台交给学生"，这是笔者近几年在中学生物课堂教学方面所进行的一种尝试。实施这种教学形式后，课堂气氛活跃了，学生的自主性被充分调动起来了，教学效果也有了明显提高。

下面，笔者简单谈谈自己在这方面的一些做法。

一、把"讲台"真正交给学生

"把讲台交给学生"的含义是：把一位或几位学生请上讲台，让他们担当"老师"的角色，由他们来讲解本节内容或分别讲解本节内容中的一部分。

这不是"作秀"，也不是简单的"角色体验"，这是真正意义上的让学生当"老师"。

为什么要这样做呢？

我最初的出发点是：①培养学生自主学习（看书）、归纳总结（知识要点）、表达等方面的能力；②希望通过学生的讲解与提问、回答等过程来发现问题；③充分调动每一个学生，让他们积极参与到课堂中来；④改变传统的单一教学形式，活跃课堂氛围。

通过一段时间的实施，我发现效果比预料的还好。

当然，最初我也遇到了这样几个问题：①大部分学生不敢上台；②有几位学生从来都不举手要求上台当"老师"；③台上"老师"讲课时，台下有少数学生开小差。

针对第①个问题，我是这样启发学生的：

"你们只要能够讲清楚一个问题就行，也要给其他同学留一些机会，让他们讲余下的问题。"

"你们在讲台上就是老师，你可以以老师的身份提问，要求下面的同学举手回答，然后你对他们的回答进行评判。"

"在台下听老师讲课太简单了，能够自己上台来，把这个问题讲清楚，那才了不起呢！"

"通过一段时间的训练，你们完全可以达到甚至超过老师的水平。"

"我以前通过这种方法培养了好多小老师，他们当初也和你们一样！你们要相信自己，一定能行！来，试一试！"

……

针对第②个问题，我一般是悄悄地走到他们的身边，小声地说：

"你为什么不上去试一试呢？这样的机会并不多呀！"

"下一次你不妨提前进行准备，多看书本，多查一查资料，准备充分了，你就可以比台上的同学做得更好！"

"下一节课，我想让你来讲，请你提前做好准备！"

……

这样明确的要求或暗示，通常会收到比较明显的效果。大多数中学生表面上不主动，其实内心还是希望被老师关注的。只要老师真正注意到了他，他往往会站起来的！

针对第③个问题，我同样是悄悄地走到他们的身边，轻轻地敲一下他们的课桌。这不伤他们的面子，但足够引起他们注意了。

二、把"讲台"逐步地交给学生

学生毕竟是学生，他不可能一下子成长为一个优秀的"老师"。因此，把讲台交给学生，需要教师逐步地进行诱导与培养。在工作中，我是这样进行的：

第一步：让同学上台来讲一个老师给定的具体的问题。譬如在上"腔肠动物"一课时，我要求学生看书5分钟，同时提问："水螅的特点有哪些？"并请

同学们先在自己的书本上寻找答案进行归纳。5分钟后，我再要求学生上台来进行讲解。由于任务简单而明确，学生讲解起来非常轻松，这为后面的工作打下了很好的基础。

第二步：老师把该堂课的主要问题都板书在黑板上，请同学们看书预习后自主选择其中的1～2个问题进行讲解，留下的问题由其他同学再进行选择。这种做法很人性化，学生有较多的选择余地，他们往往愿意上台来讲解。

第三步：布置学生提前预习教材。课堂上，同学们可以先进行小组讨论，然后指出本节内容应该给学生讲清楚哪些问题，通过老师与同学的补充完善后，确定本节内容的学习目标。这一步非常关键！

第四步：小"老师"上台后，先写出本节内容的学习目标，然后讲解其中的一部分内容，要求其他同学讲解剩余的内容。

第五步：小"老师"模拟教师，主持本节课全部内容的讲解，其中可以向学生提问，或要求其他学生上台来协助"老师"完成对某一知识点的讲解。最后，对本堂课的内容进行总结回顾。

通过以上几步循序渐进地培养，学生基本能够掌握当"小老师"的方法。这样，在课堂上，他们就知道讲什么、怎么讲、无法讲的时候怎么办等等。这样的训练只要坚持一段时间，大部分同学便能够比较轻松地驾驭课堂了。如果教师在对他们训练的过程中，适当引入评比和竞争机制，则他们往往会提前进行准备。那时，小老师的"教学效果"就会更加突出。

三、把"讲台"交给学生的好处

把"讲台"交给学生后，教师就变成了一名"学生"，这样就轻松地实现了课堂的角色转换。通过转变角色，作为"听众"的教师，便可以轻松地发现以下几个方面的问题：

1. 站在讲台上的"老师"的问题

（1）学生能否抓住课堂的重点。

（2）学生能否把某一个问题讲清楚。

（3）学生在理解课堂内容方面有哪些不足和错误。

（4）哪些内容被学生忽略了，需要老师去进行补充。

（5）学生对哪些内容更感兴趣。

2. 讲台下的学生的问题

（1）哪些学生从来不愿举手去当"老师"。

（2）哪些学生愿意与"老师"配合。

（3）哪些学生在课堂上没有集中注意力。

（4）台下的学生在回答讲台上"老师"的问题时有哪些错误需要指出。

（5）台下的学生中还有哪些问题。

转变角色后，老师成了某种意义上的"旁观者"。俗话说："旁观者清"。这样，教师就可以发现和关注更多的问题，并及时进行针对性解答。无疑，这样的课堂更加实在、更加有针对性，教学目的也更容易达到。

四、学生依然是学生，教师依然是教师

把"讲台"交给学生，这是活跃课堂气氛，增强教学效果的有效途径。但不管怎样，学生毕竟还是学生，教师才是真正的"老师"。在进行这样的教学活动时，一定要注意以下几点：

1. 只能把课堂的"一半"交给学生

我们要强调学生的自主，充分相信学生是正确的，但不能把整个课堂完全交给学生，任其自流。要知道，在课堂中，教师的作用永远是不可或缺的！学生讲解时出现的问题，教师要及时指出并纠正；学生不能解答的问题，教师要及时给予帮助；学生遗漏的问题，教师要及时补充；学生感兴趣的问题，教师要及时进行拓展，就"汤"下"面"，深入一步！

2. 学生往往局限于书本与课堂

学生的理解能力毕竟有限，他们往往只能解决一些简单的书本上的问题，而深层次的内涵，他们往往不能挖掘出来。这时，便需要老师的引导与指点。

还有，学生的知识面有限，对于需要拓展的内容，往往要靠老师合理地穿插与补充。

3. 并不是每节课都适于让学生讲解

适于学生讲解的，应该是一些相对比较简单的内容。如果不分青红皂白，所有的课堂一律交给学生，结果会适得其反。

一般来说，下列课程不适宜交给学生：

（1）难度较大，需要教师对教材内容进行合理处理的课。

（2）阅读理解课。

（3）实验课。

（4）试卷分析课。

……

因此，教师把"讲台"交给学生，这只是教学的一种方式。任何时候，教师的作用都是不可取代的。当然，如果教师把"讲台"交给学生后，教学效果更好，又何乐而不为呢？

4. 教师在课前要进行充分的准备

教师把"讲台"交给学生，并不意味着老师自身的负担减轻了。相反，教师在课前应该充分准备。否则，课堂只会流于形式，达不到应有的效果。

一般来说，教师需要在下列方面进行充分准备：

（1）熟悉本节课的教学内容。

（2）明确本节课的教学目标、重点与难点。

（3）本节内容可以在哪些方面适当拓展，准备一些适用于本课堂的补充资料。

（4）准备一些与本节教学相关的背景资料、学生感兴趣的故事等作为教师的"秘密武器"，用来增加课堂的"亮色"。

（5）设计几个适合学生讲解的问题。

（6）学生讲解过程中容易遗漏、出错的地方。

（7）预估学生在讲解过程中可能会出现的问题。

……

由此可见，把"讲台"交给学生，教师需要做的工作会更多。当然，一分耕耘一分收获，老师的加倍付出，必定会得到加倍的"回报"！

把"讲台"交给学生吧！

当你的学生一个个都争着上"讲台"，当他们为了站好"讲台"而提前准备，当他们在讲台上"挥洒自如"时，你便可以欣慰地笑了！

（2014 年 10 月 4 日）

让作业"作品"化

上周末，学校组织部分骨干教师赴北京十一学校参加"国家级教学成果特等奖"——《普通高中育人模式创新及学校转型实践》的研修活动。活动中，十一学校的老师们从各自不同的角度介绍了该校"为每一位学生而设计"的教育思想，让我们收获良多。

在其中一个分会场，该校生物教师张明介绍了她的"让作业'作品'化"的思想，与笔者平常的一些做法不谋而合，现推介如下：

一、"作业"与"作品"的差异

1. 作业，重"量"不重"质"

传统的教学过程通常包括课前预习、课堂学习与课后练习这三个基本环节。学生的"课后练习"就是老师布置的各种"作业"。这些"作业"是老师们为了巩固学生的课堂知识而下达的各项"任务"，要求每一位学生都必须认真完成。

事实上，学生很少能够按质按量完成老师布置的作业。

为什么呢？除去主观因素，客观上讲，学生的课余时间少，学习负担重，他们根本没有那么多的时间来认真完成老师布置的各项"作业"！以中学阶段为例：初中生有7~9门课程，假设每门课程的课后作业需要20分钟的时间，学生每天做"作业"的时间就要2~3个小时。我们知道，我国工人和公务员都实行"8小时工作制"。但是，学生们每天在学校上完八节课后，还必须"加班"2~3个小时，天天如此，公平吗？事实上，临近毕业的初三、高三学生，其作业量经常远远超过3个小时。

如果某人某次的作业没有完成，必将会受到老师的"惩罚"。因此，学生为了完成老师布置的作业，往往会采用折中的做法：保证"量"，但不保证"质"！

这应该是当今学校最普遍的现象：作业，有"量"无"质"。显然，这样

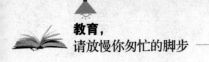

的"作业"很难达到"巩固知识"的目的。

这也是一些媒体经常呼吁"减轻学生负担"的根本原因。

2. 作品，重"质"不重"量"

什么是学生的"作品"呢？

精心构思、反复修改、认真书写所完成的一篇作文，可以算得上是一件"作品"；思维严谨、解题过程规范、书写认真、没有错误的一张数学试卷，也可以算得上是一件"作品"；精雕细刻，反复打磨出来的一个陶罐，也是一件上好的"作品"……

可见，"作品"与"作业"有着本质的区别。每一件作品，都需要精心地"打磨"和"修饰"，它需要尽量减少错误，它需要追求完美，它需要展示个性，它需要代表自我！

显然，学生每天可以完成许多"作业"，但无法每天完成许多"作品"。从"作业"到"作品"，应该是一个从"量"到"质"的转变。

二、把作业"作品"化的思想

与其要求学生不顾质量完成一些"作业"，还不如要求他们用心去完成一幅"作品"！通俗地讲，与其要求学生潦草地应付着完成10道数学题，还不如要求他们用心做好一道题！

为了打造这幅"作品"，学生势必会倾其全力，用尽心思，尽量使自己的"作品"臻于完美。为了减少错误，学生需要对相关知识反复推敲；为了展示个性，别出心裁，学生势必会查阅更多资料，吸取更多营养；为了漂亮的亮相，学生势必要认真书写……在这个过程中，学生的自我收获显然会远多于应付式的完成作业！

三、"让作业作品化"的操作方法

1. 培养学生完成"作品"的能力

学生要完成一件优秀的作品，需要老师精心地培养。

首先，教师应该根据教学内容与要求，精心设计出一些作品的"框架"，让学生在此"框架"下去逐步完成其"作品"。

有一位老师在讲授完高中《生物》"细胞的结构"一节内容后，布置了下面3个"作业"（学生任选其一即可）：

（1）自选材料，制作植（动）物细胞的亚显微结构模型。

（2）用图文结合的方式，比较动物细胞与植物细胞的异同。

（3）自选方式，介绍细胞的结构与功能的关系。

一个星期后，学生基本可以完成老师布置的"作业"，但此时学生上交的"作业"还仅仅是"初级产品"，教师应该针对每一位同学的"作业"进行面批：指出各自的优点和不足，并把相同类型的"作业"放在一起，让同学们相互比较并进行评价。然后，把学生的"初级产品"返回，让他们进一步"深加工"。

又一个星期后，教师再把全班的"作业"收上来，放在一起，让全班同学无记名投票，选出3～5个合格的"产品"。然后，再把这些"产品"张贴在教室的宣传栏里。这些"产品"就成了班级学生的第一批"作品"。

如此进行一段时间，不断补充和更新，学生提交的"作品"质量便会越来越高。

2. 十分重视学生的"作品"

对于评选出来的学生"作品"，首先教师要在班级公开展示，让全班同学学习与借鉴。然后，再对这些作品进行期末评奖，肯定它们的价值。最后，教师不妨把学生的全部作品收集整理，甚至结集出版，保存下来。

自己的"作品"被老师珍藏，对学生该是多大的荣耀！为了这份荣耀，学生无疑会把自己的"作品"反复雕琢，推陈出新。

另一方面，老师所"收藏"的上一年级学生的"作品集"，正是给下一年级的最好"教材"！

四、"让作业作品化"的意义

让"作业"转变为"作品"，实际上是把学生从繁重的"量"上解脱出来，转而追求"质"的飞跃。

学生们展示出来的"作品"，不仅可以正面激励他们，也可以暴露他们的缺点和不足。教师解决他们暴露出来的问题，对所有的学生无疑是有益的。

完成"作品"的过程，对于学生理解和掌握相关的知识无疑是十分有效的。显然，没有哪一个学生敢把自己没有弄明白的东西变成"作品"给展示出

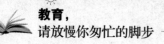

来。为了完成某一"作品"，他必须把相应的内容钻研清楚。

完成"作品"的过程，对所有的学生都是一个自我修正、自我提升、自我超越的过程。为了自己的"作品"能够展示出来，他必须使出全身解数。

对于少数后进的、暂时没有"作品"的学生，其他同学展示出来的"作品"无疑会给他鞭策，唤起他前进。毕竟，每一个人都是不甘落后的！

行动吧，把"作业布置"转化为"作品征集"。学生对知识的掌握会更加深入，教师的教学会更加有效。

（2015 年 5 月 16 日）

2

教学实践

第二章

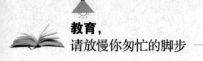

"爬行动物"教学设计

一、教学设计思路

1. 教材内容分析

本单元的主题为《生物圈中的其他生物》。教材的第1～3章介绍了动物的主要类群、运动、行为及其在生物圈中的作用；第4章介绍了细菌与真菌；第5章介绍了病毒。

本节课题为《两栖动物和爬行动物》，分2个课时完成。上一节课学生已经学习了关于"两栖动物"的相关知识，本节课的主要任务是学习并掌握关于"爬行动物"的一些基本知识，并对前面所学的内容进行回顾和加强。

本节课的具体教学内容有：

（1）爬行动物的常见种类及其代表动物。

（2）蜥蜴的主要特征及其与两栖动物青蛙的比较。

（3）爬行动物的主要特征。

（4）爬行动物与人类的关系。

本节课的教学重点是：爬行动物的主要特征。

因为各种动物与人类的生活密切相关，所以教师要激发同学们的学习兴趣，准备对相关内容进行适当拓展与丰富。

2. 学生情况分析及相应的教学思路

中学生求知欲、表现欲旺盛，但存在对书本知识的重视程度不够、对教材重点内容的把握不到位、对一些具体问题的理解与表达不准确等缺点。基于此，本节课教师要准备做好以下工作：

（1）爬行动物（蜥蜴、蛇、龟、鳖等）为同学们所熟悉，但学生对这些动物的了解是有限的。因此，教师要计划在课堂上重点强调爬行动物的特征，并将爬行动物与两栖动物进行比较。让同学们明确：蛇、龟等可以水、陆两栖，但它们不是两栖动物，而是爬行动物。

（2）教师在学生预习后，请一名或几名同学上台当"老师"，然后通过他们对课堂内容的讲解来了解学生对课本知识的理解与掌握程度，并发现学生在讲解课本知识、回答问题过程中的错误，教师在一旁指导，并及时进行修正。

（3）中学生求知欲旺盛，对新鲜事物（尤其是生物学）非常感兴趣。教师为拓展同学们的知识面，增强他们对生物学的学习兴趣，可在完成课程的主要内容之后，适当拓展以下内容：

①为什么说爬行动物是真正能适应陆地环境的动物？蜥蜴和青蛙相比，有哪些共同特点？②扬子鳄既能够在水中生活，又可以在陆地上生活，它为什么不属于两栖动物？③怎样区别有毒蛇和无毒蛇？如果在野外被蛇咬伤，该如何进行自救？④关于恐龙灭绝的原因。

二、教学设计（教案）

【课　　题】
爬行动物。

【教学目标】
（1）学生能够认识及常见的爬行动物。
（2）学生能够掌握爬行动物的主要特征。
（3）学生能够对两栖动物与爬行动物进行比较。
（4）学生能够了解爬行动物与人类的关系。

【教学重点】
（1）爬行动物的主要特征。
（2）两栖动物与爬行动物的比较。

【教学过程】
（一）**学生看书P27～P28，时间为4分钟**

预习并准备下列内容：

（1）上台讲哪些内容？哪些知识点？

（2）如何向同学讲述（其中的1～2个内容）？

（二）**请一位学生上台当"老师"**

教师从本班学生中进行挑选，可以是积极举手的同学，也可以选那些不举

手的同学。

同学上讲台后，教师适当告诉他讲课的顺序：先把自己准备讲解的问题（目标）板书在黑板上，然后讲解其中的1～2个问题。当然，讲台上的"老师"也可以请下面的同学回答问题，或请1～2位同学上台讲解剩余的问题。

本节课的主要内容：

1. 常见的爬行动物及其代表

蜥蜴、龟、鳖、蛇、扬子鳄等。

2. 爬行动物（蜥蜴）的主要特征

（1）头后有颈，能灵活转动，利于发现敌害和觅食。

（2）四肢短小，适于快速爬行。

（3）皮肤干燥，有覆盖角质的鳞片（可防止水分散失）。

（4）肺发达，适于在陆上呼吸。

（5）体内受精，卵表面有坚韧的卵壳。

爬行动物是真正适应陆地生活的一类脊椎动物。爬行动物的主要特征是：生殖与发育脱离了水的限制。

3. 爬行动物与人类的关系

（1）食用（动物蛋白质）。

（2）蛇毒可治疗心血管疾病。

（3）蛇捕食老鼠。

（4）鳄鱼皮（鞋）。

……

4. 两栖动物与爬行动物的比较，见下表：

两栖动物与爬行动物的比较

	两栖动物	爬行动物
代表动物	青蛙	蜥蜴
生活环境	水中（幼），陆地（成）	陆地
呼吸	鳃（幼），肺与皮肤（成）	肺
生殖方式	体外受精	体内受精
受精卵	受精卵在水中孵化	受精卵在陆地上孵化，具有坚韧的卵壳和丰富的营养

	两栖动物	爬行动物
体表	有黏液	背覆鳞片（或甲）
其他		头后有颈

（三）评价指正

教师对学生的讲解进行评价，指出其错误并进行更正，指出其遗漏并进行补充。

（四）教师的课堂拓展

（1）龟生活在水、陆两地，它为什么不属于两栖动物？

（2）蛇没有四肢，为什么它也属于爬行动物？

——爬行动物的概念及其特征。

（3）恐龙灭绝之谜。

——见作者论文：《恐龙灭绝的原因的推测》。

（4）关于"心血管疾病"。

——介绍"血栓、动脉硬化、心肌梗死"等疾病；

——介绍蛇毒的作用。

（5）如何区分有毒蛇和无毒蛇？

——建议上网查询。

（五）课堂总结与评价

本节课我尝试把"讲台"交给学生，要求部分学生上台来充当"老师"，为其他学生讲解教材上的一些内容。当然，这不是一个简单的角色转换，我的目的主要有3个：

（1）更加充分调动学生学习和思考问题的积极性。

（2）培养学生多方面的能力。诸如学生对教材内容的归纳能力、表达能力、课堂组织能力、发现与解决问题的能力等。

（3）能及时发现学生在学习与理解教材内容中暴露的一些问题。

通过一段时间的尝试，学生纷纷接受了这种教学方式，课堂效果非常好。因此，我认为这种教学模式可以适当进行推广。

课后，我把这种教学模式进行了总结，并写成了一篇论文——《把"讲台"交给学生》，希望能得到各位专家的指导。

"鸟的生殖与发育"教学设计

【教学目标】

（1）学生能够了解鸟的生殖与发育过程。

（2）学生通过观察鸟卵的基本结构，能够理解这种结构与鸟类适应陆地生活的关系。

（3）实验：观察鸡卵的结构以及鸡胚胎发育的过程。

【教学难点】

（1）学生能够理解鸟卵的结构与鸟类适应陆地生活的关系。

（2）学生能从进化的角度理解鸟类的繁殖行为与其后代成活率的关系。

【教学理念】

（1）生物体（鸟卵）的结构与功能相适应。

（2）生物越高等，它的繁殖行为越复杂。

（3）在课堂教学中渗透对中学生核心素养的培养。

【教学模式】

"激—探—创"教学模式。

【教学过程】

（一）课前准备

（1）课前21天左右，我利用恒温箱进行孵化鸡蛋的实验，每隔2～3天打开一个鸡蛋，观察并拍摄鸡蛋孵化的过程。

（2）对学生进行分组，每个小组下发1个未孵化出小鸡的鸡蛋、一套培养皿、一个放大镜。

（3）准备相应的PPT课件、导学案等。

（二）上课的基本流程

1. 给视频"配音"，激发学生的兴趣

师：课前，老师给大家准备了一段视频资料，我想请在座的同学学习赵忠祥老师，用生物学的语言给它配音。

（教师播放视频资料）

师：好，视频看完了，哪位同学能够站起来即兴配音？或者是对视频资料进行介绍？请注意，要使用生物学语言！

生：……

师：还有同学进行补充吗？

生：……

师：这里有赵忠祥老师的配音，谁可以帮助他补充完整？

（出示课件、答案）

师：由此看来，鸟儿可是一种非常浪漫的生物哟！

下面，让我们再看几张图片：

师：上图是鸟儿在巢中产下的卵，因此，鸟的生殖方式是——卵生。关于产卵，我想问问同学们，鸟一次可以产多少颗卵？

生：……

师：上图是——母鸡在孵卵；同学们见过公鸡孵卵吗？那么，有没有什么鸟是由雄鸟来孵卵的？

生：企鹅。

师：如上图所示，通过交配，雄鸟把精子送入雌鸟体内，精子与卵细胞完成"体内受精"。请同学们回忆一下，鱼类是进行"体内受精"的吗？

生：……

师："体内受精"和"体外受精"相比，有何进化意义？

生：……

师：大多数鸟类都是非常高明的建筑家，它们往往会在树梢上建造一个非常漂亮的"家"，如上图所示。那么，鸟类筑巢的意义有哪些呢？

——防止地上的野兽取食或伤害鸟卵与幼鸟；

——防止雨淋，为鸟卵的孵化提供适宜的温度；

——求偶；

……

师：如上图所示，育雏就是亲鸟衔来食物喂养幼鸟。鱼类、两栖类、爬行类有这样的"育雏"行为吗？我们说鸟类比鱼类、两栖类、爬行类高等，就体现在这些方面。

师：刚才我们介绍了鸟的一些繁殖行为，我想请一位同学对鸟类的这些行为进行排序。谁愿意上来讲一讲？

生：（踊跃举手）

师：值得指出的是，并不是所有的鸟类都具有这些行为，如杜鹃鸟，但所有的鸟类都具有求偶、交配、产卵等行为。

师：鸟类比大多数动物高等，不仅是因为其复杂的繁殖行为，而且是因为它的卵的结构比大多数动物的复杂。下面，我们一起来认识鸟卵的结构。

2. 观察鸟卵的结构，展开探索

（1）教师给学生分组，3人一个小组，每组下发鸡蛋一枚，请同学们打开它，并对照书本，用放大镜观察3分钟。

思考下列问题：

① 卵壳透气吗？用什么办法可以证明？

——咸鸭蛋。

② 鸡蛋内的哪些结构能构成卵细胞？

——卵黄膜（细胞膜）、卵黄（细胞质）、胚盘（细胞核）一起构成卵细胞。

③ 精子可以通过坚硬的卵壳与卵细胞相结合吗？

——鸡蛋在母鸡体内时，没有外面的卵壳。

④ 已经受精的鸡蛋，还是一个细胞吗？

——是一个胚胎。鸡蛋产下来后，胚胎发育停止。如果提供适合的温度，胚胎发育可以继续下去，直到小鸡孵化出来。

（2）请同学们停下来，依次解答上述问题。（5分钟）

（3）观察：小鸡孵化的过程图。

3. 拓展创新

情景：小时候看《爱迪生》一书，记得有这样一个情节：有一天，小爱迪生不见了，妈妈找了好久，发现爱迪生趴在一堆鸡蛋上。

（1）小爱迪生趴在鸡蛋上想干什么？

——孵卵。

（2）你怎样评价爱迪生的行为？

——勤于思考问题，勇于实践和探索。

（3）小爱迪生坚持下去，他能够孵出小鸡吗？为什么？

——有可能，因为只要有提供足够的温度即可，现代养鸡场就不用母鸡进行孵化；另外，农村里常看到用母鸡孵鸭蛋。

——不行，人的体温低于鸡的体温；人没有羽毛，无法保温；人不能像母鸡那样坚持20多天……

4. 小 结

今天我们学习的主要内容有两个方面。

（1）鸟类生殖与发育的一般过程。

（2）鸟卵的结构。

通过学习，我们了解到鸟类的生殖行为非常复杂，鸟卵的结构有利于鸟类在陆地上繁殖后代。从繁殖的角度看，鸟类是脊椎动物中比较高等的类群！

师：最后，请同学们把用过的实验材料整理好交上来并把桌面清理干净。

"观察种子的结构" 教学设计

【教学理念】

（1）先学后教。教师可布置学生课前预习，培养其自学能力；同时，发现学生自学中的难点。

（2）体验式学习。教师在课堂上提供丰富的素材，让学生亲自动手去体验、探寻，让学生自主发现问题、获得知识。

（3）自学能力的培养。教师应该把对学生学习的兴趣和自学能力的培养放在首位，学生对该学科产生浓厚的兴趣，并有相应的自学能力，教学的目的才真正达到。

【教学目标】

（1）学生能够了解种子、果实、孢子的区别。

（2）学生能够认识种子的结构。

（3）学生能够知道单子叶植物和双子叶植物种子结构的异同。

【教学重点】

种子的基本结构。

【教学难点】

单子叶植物和双子叶植物种子结构的异同。

【课　　型】

创新实验课。

【课程资源】

（1）多种植物的种子：浸软的菜豆（或蚕豆、扁豆、花生等）种子若干，浸软的玉米种子若干，椰子2个，梨5个，苹果5个，芒果5个，橘子1 000克，核桃1 000克，莲子1 000克，香蕉1 000克，板栗的鲜果（带刺）1 000克，桃子1 000克，猕猴桃1 000克，菠萝蜜1 000克，西红柿1 000克，银杏的新鲜种子1 000克，紫藤的果实10个等。

（2）孢子植物的叶（带孢子囊）若干。

（3）放大镜、单面刀片、镊子、托盘25套；塑料餐盒20个。

（4）PPT课件。

【教学过程】

（一）布置学生课前预习

要求：

（1）购买不同植物的种子（3种以上、体积较大）进行自主解剖与观察，通过拍摄照片、粘贴实物、文字标识等方式记录观察过程和结果，并准备在课堂上进行展示。

（2）了解种子的类型及基本结构。

（3）可以制作PPT，准备在课堂上介绍。

（二）课堂展示，激发兴趣

（1）了解学生的课前预习情况。

（2）随机抽取4组同学展示课前的自主观察过程与记录。

（3）随机抽取一位同学介绍自己的观察过程。

（4）请1位同学介绍种子的结构，可以对照实物进行讲解。

（5）请其他同学进行补充。

（6）归纳总结。

① 种子的类型：单子叶植物的种子、双子叶植物的种子。

② 双子叶植物种子的结构：

种皮+胚（子叶2、胚芽、胚轴、胚根）。

③ 单子叶植物种子的结构：

种皮+胚乳+胚（子叶1、胚芽、胚轴、胚根）。

④ 结论：胚是种子的主要成分；胚是新植物的幼体，种子萌发时，胚进一步长大成为植物体。子叶或胚乳为胚的发育提供营养物质。

（三）课堂解剖，自主探索

（1）教师展示一些植物的果实或种子。

（2）教师介绍果实与种子的关系（区别和联系）。

（3）每小组学生选择3～5种教师提供的新鲜材料（果实或种子）进行课堂解剖与观察。

供选材料：浸软的菜豆（或蚕豆、扁豆、花生等）种子若干，浸软的玉米种子若干，椰子2个，梨5个，苹果5个，芒果5个，橘子1 000克，核桃1 000克，莲子1 000克，香蕉1 000克，板栗的鲜果（带刺）1 000克，桃子1 000克，猕猴桃1 000克，菠萝蜜1 000克，西红柿1 000克，银杏的新鲜种子1 000克，紫藤的果实10个等。

（4）请各小组把观察所得及发现的问题用纸笔记录下来：

问题：_____

_____；

收获：_____

_____。

（5）介绍本小组发现的问题和观察所得，向同学们进行汇报，请同学们帮助解答问题。

（四）问题讨论，拓展创新

（1）和孢子植物的孢子相比较，利用种子来繁殖后代有何优越性？

——种皮的保护作用，利于储藏。

——种子内储存有丰富的营养，有利于种子渡过环境恶劣（缺水、高温或低温）的时期；也有利于种子顺利萌发。

——孢子是一个生殖细胞，在不良环境中很容易死亡。

——种子成熟落地后，并不立即萌发，而是进行休眠，以渡过不良的环境条件。孢子容易在这个过程中死亡。

（2）种子外面的果皮也储存有丰富的营养。如，桃子。我们知道桃仁是种子，用来繁殖后代，那么桃子外面的果皮又有什么作用呢？其他果实的果皮呢？请举例说明。

——吸引动物取食，种子随动物的粪便而传播。减少植物之间的竞争，扩大植物的分布范围。

——板栗果实外有硬刺，可以阻止动物取食。

——椰子的果皮富含纤维，可以浮于水面随水漂流，有利于种子的传播。

（五）课后总结

（1）回顾今天所学的内容，你有哪些收获。

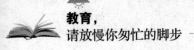
（2）课后思考：

① 有些植物并没有种子（如香蕉、无子西瓜等），它们如何繁殖后代？

② 如何区分裸子植物的种子和被子植物的果实？

③ 种子、果实与被子植物花的结构有何联系？

请同学们查阅资料，自主寻找答案。

"利用生物数码互动实验室探究神秘的
细胞世界"教学设计

【教学目标】

（1）学生能够学会利用数码显微镜、电脑、投影等设备，观察细胞、细菌等微生物。

（2）学生能够熟悉临时装片的制作。

（3）学生能够了解不同生物体细胞结构的异同。

（4）学生能够了解数码显微镜等装置在日常生活中的应用。

【教学过程】

（一）准 备

（1）课前准备实验材料：菠菜的叶片、茎，番茄果实，洋葱，动物的血液，酸奶，酵母菌，池塘水，霉菌，印泥，载玻片，盖玻片，固定装片等。

（2）培训学生：数码显微镜的使用、临时装片的制作。

（3）导学案。

（二）上 课

1. 镜头一

教师上课时下发导学案，简明布置任务。

利用今天的数码互动显微实验室设备，我们可以到微观世界去遨游。比如：我很想看看我们日常所喝的酸奶中是否有乳酸菌，我想看看我的指纹和别人的有什么不同，我想看看池塘水中有哪些微生物……

（在投影上呈现一些微观世界的画面）

在这里，老师为大家准备了一些实验中可能会用到的材料（特写镜头）。当然，同学们也可以自己去找一些材料（如头皮屑、头发）。

下面，请同学们2人组成一个小组，并给自己的小组取一个响亮的名字。接

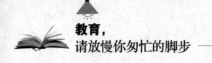

下来，我们将以小组合作的形式来完成今天的学习与探究。

首先，请各小组的同学小声讨论，确定你们小组的目标，下列问题可供参考：

（1）我想观察不同果实的果肉细胞。

（2）我想观察动物的血细胞，观察霉菌。

（3）我想看看餐巾纸中的纤维。

（4）我想观察污水中是否有微生物。

2. 镜头二

小组讨论，确定自己小组的目标，同学们把想要探究（观察）的问题写在导学案上。

需要哪些材料？仪器？

3. 镜头三

（功能教室里）各小组同学合作，制作临时装片。

（1）拍摄学生挑选不同材料的画面。

（2）拍摄整体画面、个体的制作全程及特写。

（3）拍摄教师指导或示范的镜头。

（学生可制作叶的表皮，叶的横切，茎的横切，番茄果肉和洋葱鳞片叶的内、外表皮；血涂片、口腔上皮细胞等多种临时装片）

（4）装片制作完毕，学生带着装片进入数码互动实验室。

4. 镜头四

（数码互动实验室中）学生使用数码显微镜，观察自己小组制作的临时装片。

（1）拍摄学生动手使用显微镜的全貌、细节。

（2）拍摄个别学生操作的全过程。

（3）拍摄教师指导的个别镜头。

5. 镜头五

教师组织教学。

教师利用数码互动功能，依次呈现16个小组的显微镜下的图像，并穿插进行下列过程：

（1）教师请小组同学介绍自己的装片（或画面）。

（2）教师请2名学生对几个典型画面进行识认（是植物细胞还是动物细胞，依据是什么）。

（3）教师请3名同学指出细胞的结构（细胞核、叶绿体、液泡等）。

（4）课件呈现动植物细胞的示意图，并归纳动、植物细胞的不同。

（5）教师选择呈现一些小组的特殊画面。

（6）教师请同学对呈现的画面进行点评（装片的制作是否好，有哪些不足等），揣测画面的内容，提出问题等。

（7）请几位同学分析。

6. 镜头六

教师介绍电脑软件中的镜头拍摄功能，动员各小组的学生把一些典型画面拍摄下来，建立文件夹，并以小组的名称命名，上传给教师。

7. 镜头七

拓展，帮老师找人。

情景：有一天，老师走进10班教室，发现讲台上有一杯为老师准备的热腾腾的牛奶，上面还贴有"请老师饮用"的纸条。刚好老师没有吃早餐，于是把这杯牛奶喝了下去。老师感到特别温暖，很想知道这位细心的学生是谁。

亲爱的同学们，你们能够帮助老师想想办法，找到这位同学吗？

8. 镜头八

学生讨论，给老师出主意。

9. 镜头九

总结，致谢。

（1）利用今天的实验装置，我们还可以做很多事情。

（2）学生谈本节课的收获与体会。

（3）教师对本节课学生的表现进行总结与表扬。

10. 镜头十

学生整理实验桌，打扫卫生。

工作室成员的教学案例

"特异性免疫"教学设计

麓山滨江实验学校　谢　佳

一、教材分析

1. 地位与作用

高中生物课程标准明确指出，"概述人体免疫系统在维持稳态中的作用"是人教版必修3模块的核心内容之一，而"特异性免疫"又是免疫调节中的核心概念。学生在初中时已经学习了免疫学的基础知识，知道人体的第一、二、三道防线，初步了解了免疫系统的功能，但是对于特异性免疫的过程还缺乏认识。因此，本节课是在初中知识的基础上，着重分析特异性免疫的过程，通过实例引导学生理解免疫调节在维持人体稳态中的重要作用。

2. 教学目标

（1）知识目标：

① 简述免疫系统的组成和免疫系统的三道防线。

② 指出非特异性免疫和特异性免疫的区别和联系。

③ 概述体液免疫和细胞免疫的过程、区别和联系。

④ 通过实例，分析体液免疫和细胞免疫的关联性，领悟免疫调节在维持人体稳态中的重要作用。

（2）能力目标：

① 学生能够尝试建构出特异性免疫过程的概念图。

② 学生能够运用特异性免疫的原理分析生活实例。

（3）情感态度与价值观：

学生能够体会到免疫调节在维持人体稳态过程中的重要作用，逐步领悟系统内各要素需要协调合作才能维持人体稳态的观点。

3. 教学重点和难点

体液免疫和细胞免疫的过程。

二、学情分析

1. 知识基础

（1）初中阶段学生已经知道人体的三道防线。

（2）初中阶段学生已经初步了解了免疫的功能，知道淋巴结、淋巴细胞、抗体、抗原、艾滋病等生物学术语。

（3）高中阶段学生已经初步学会运用系统论的观点分析问题，领悟神经调节和体液调节对维持人体稳态的重要作用。

2. 认知盲区

体液免疫和细胞免疫的全过程及其异同点。

3. 局限能力

（1）学生分析图表，处理信息的能力。

（2）学生构建概念图的动手能力。

三、教学过程

"特异性免疫"教学过程

"特异性免疫"，1课时			
环节	教师活动 （教学内容的呈现）	学生活动 （学习活动的设计）	设计意图
课前准备		A组学生整理出初中所学的人体第一、二道防线、淋巴细胞、淋巴结、抗原、抗体等相关知识；组织B、C组学生温习A组整理的资料	
情境引入激发兴趣	教师播放"泡泡男孩大卫"视频。提问：为什么大卫不能像我们一样生活在开放的环境里	学生观看视频，积极讨论	激发学生学习的兴趣，为学习特异性免疫做准备

续 表

		"特异性免疫"，1课时		
环节		教师活动 （教学内容的呈现）	学生活动 （学习活动的设计）	设计意图
学案导学 自主学习		教师组织学生阅读必修三P35～38第一段，完成学案"自主学习"。 教师巡视，发现问题以调整教学环节	学生独立阅读教材，自主完成学案"自主学习" （具体任务见附件：学案）	学生能够通过自主学习，初步认识免疫系统的组成、三道防线、特异性免疫和非特异性免疫
展示答案， 互动评价		教师组织C组学生展示答案，A、B组学生点评，或完善答案。 教师可根据学生的回答情况，及时调整教学策略	更正答案，提出疑惑	学生能够通过解析"自主学习"学案内容，理性分析特异性免疫和非特异性免疫的区别和联系
合作探究突破重难点	合作讨论	【过渡】 病原体突破前两道防线后，第三道防线如何消灭细胞表面的病原体？ 【投影】 1.什么是抗原？ 2.什么是抗体？ 3.吞噬细胞、B细胞、T细胞、浆细胞、效应T细胞、记忆细胞的来源和功能分别是什么？ 4.免疫反应中能特异识别抗原的细胞有哪些？ 5.勾勒体液免疫过程图	学生先独立思考，再分组讨论。 A组如果提前讨论出结果，可以分派到B、C组参与讨论	教师引导学生比较吞噬细胞、B细胞、T细胞、浆细胞、效应T细胞、记忆细胞的区别和联系。 教师引导学生初步构建体液免疫概念图模型
	交流展示	教师组织各组展示任务一答案（口述、板书）	各组选派一人展示答案，另一人将疑点板书到后面的黑板上。 各组在前面小组答案的基础上进行完善，如果能解答出前面小组的疑问，那么就把答案板书到后面黑板上	教师依据学生绘制的概念图，引导学生认识体液免疫如何发挥防卫功能

续表

环节		教师活动 （教学内容的呈现）	学生活动 （学习活动的设计）	设计意图
合作探究突破重难点	点评小结	【点评】 各小组的展示内容。 【小结】 教师根据学生汇报的结果以及在后面黑板板书的疑点，进行总结归纳	学生更正答案	学生能够初步构建体液免疫概念图模型
合作探究突破重难点	合作讨论	【过渡】 如果病原体侵入细胞内，抗体就能为力了，那么通过什么途径消灭这些病原体呢？ 【投影】 1. 猜想细胞免疫大致过程。 2. 教师从概念、作用对象和作用方式出发，分析体液免疫和细胞免疫的区别和联系	学生先独立思考，再分组讨论。 A组如果提前讨论出结果，可以分派到B、C组参与讨论	教师引导学生初步构建细胞免疫概念图模型
	交流展示	教师组织各组展示任务二答案（口述、板书）	各组选派一人展示答案，另一人将疑点板书到后面的黑板上。 各组在前面小组答案的基础上进行完善，如果能解答出前面小组的疑问，那么就把答案板书到后面黑板上	教师引导学生认识细胞免疫如何发挥防卫功能 教师引导学生绘制体液免疫和细胞免疫关联性的概念图模型
	点评小结	【点评】 各小组的展示内容。 【小结】 教师根据学生汇报的结果以及在后面黑板板书的疑点，进行总结归纳	学生更正答案	教师引导学生分析体液免疫与细胞免疫的区别和联系，修订人体特异性免疫概念图模型

"特异性免疫"，1课时

续表

环节	教师活动 （教学内容的呈现）	学生活动 （学习活动的设计）	设计意图
	"特异性免疫"，1课时		
当堂检测	教师组织学生完成"当堂检测"，核对答案并解疑	学生更正答案	巩固所学
疑点反馈	教师组织学生记录本节课疑点，或者在学案上说说心里话	学生在学案的相应位置记录 疑点或心里话	及时反馈教学情况，为下节课教学活动的开展打下坚实的基础

自我反思：

主要特色与创新	本节课体现了以人为本、因材施教的新课改理念，充满了人文关怀。教师运用分层教学和五环节教学法，有利于不同层次的学生达到各自相应的学习目标，学案导学、疑点反馈等环节，有利于学生释疑解疑；当堂检测有效地反馈学生的学习情况，有利于老师及时调整教学环节
存在的问题与不足	教师在教学过程中，探讨体液免疫和细胞免疫的异同点等问题时要特别注意时间的把握。 面对学生的开放性提问，需要较强的课堂驾驭能力及应变能力。 某些问题本节课难以解决，需要学习了后续章节才能得出满意的答案

（说明：学案、教学课件略）

"尿液的形成"片段教学提纲（20分钟）

长沙市湘一芙蓉二中　熊启航

一、讨论交流，合作探究一

结合右图，回答下列问题：

（1）与肾脏相连通的三条管道的名称分别是什么？

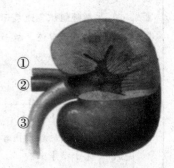

（2）三条管道内流动的分别是什么液体？分别是流入还是流出肾脏？

（3）据此推测，尿液的组成成分来源于什么？

二、讨论交流，合作探究二

取某健康人肾动脉中的血浆、尿液进行分析比较，得到如下表所示数据：

肾动脉中的血液、尿液对比

	水	蛋白质	葡萄糖	无机盐	尿素	血细胞
血浆中（g/0.1L）	90	8	0.1	0.72	0.03	若干
尿液中（g/0.1L）	96	0	0	1.1	1.8	无

（1）尿液中含有哪些成分？

（2）从成分上看，尿液有可能来自于血液吗？

（3）肾脏要将尿素、水、无机盐从血液中分离出来，你推测其原理是怎样的？

三、讨论交流，合作探究三

取某健康人肾动脉中的血浆、肾小囊中的液体进行分析比较，得到如下表所示数据：

肾动脉中的血液、肾小囊中的液体对比

主要成分	血浆中（g/0.1L）	肾小囊中（g/0.1L）
水	90	98
蛋白质	8	0.03
葡萄糖	0.1	0.1
无机盐	0.72	0.72
尿素	0.03	0.03
血细胞	若干	无

（1）与血液相比，进入肾小囊的液体中哪些成分明显减少了，为什么？

（2）经过过滤后进入肾小囊中的液体就是最终的尿液吗？你的依据是什么？

四、讨论交流，合作探究四

取某健康人肾小囊中的液体、尿液进行分析比较，得到如下表所示数据：

肾小囊中的液体、尿液对比

主要成分	肾小囊中 （g/0.1L）	尿液中 （g/0.1L）
水	98	96
蛋白质	0.03	0
葡萄糖	0.1	0
无机盐	0.72	1.1
尿素	0.03	1.8
血细胞	无	无

（1）人体每天形成的原尿（肾小囊中的液体）大约有180升，而每天排出的尿液仅约1.5升，比原尿少了许多。为什么？

（2）通过原尿和尿液的比较，你认为肾小管能够重新吸收哪些物质？

"病毒"片段教学提纲（15分钟）

长沙市一中双语实验学校　傅雪珂

一、创设情境，提出问题

2016年4月，我们学院旁的生鲜市场确诊一例禽流感患者。一天中午，我到快餐店点了一份炸鸡饭。吃着吃着，竟然发现鸡腿里面有血丝（没有熟），吓得我筷子都掉了。

我当时想：我吃到了没有熟的鸡腿，会不会得禽流感呢？禽流感流行时期，我们到底能不能吃鸡呢？

下面，我们一起来学习令人闻风丧胆的杀手——病毒。

二、阅读课本P90～P91并分小组讨论，完成下面的图解

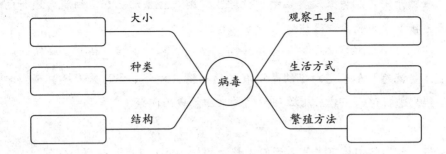

1. 病毒的大小

老师：同学们，你们了解病毒吗？你们知道单个病毒有多大吗？

学生：……

老师：举个例子，大约10亿个细菌堆积起来，才有一颗小米粒那么大。而病毒比细菌还要小得多，大家可以想象下病毒的大小。

2. 病毒的种类

老师：我们通常怎样对病毒进行分类？

学生：……

老师：那么，禽流感病毒属于哪类病毒呢？

学生：……

3. 病毒的结构

老师：我们知道，病毒是由蛋白质外壳和内部的遗传物质组成。请问，它和其他生物相比，结构上有哪些不同呢？

学生：……

老师：如果我们想要观察到病毒的结构，我们用学校里的普通光学显微镜能够看到吗？

学生：……

老师：简介电子显微镜。

老师：禽流感病毒没有细胞结构，它能够独立生活吗？它的生活方式是怎样的？

学生：……

老师：××同学，你能够列举一个进行寄生生活的例子吗？

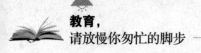

学生：……

教师介绍寄生现象及其实例，让学生了解寄生生活是在活细胞内进行的，从而为接下来的教学进行铺垫。

老师：回答开始的问题，我想请问同学们，如果老师吃的是熟的鸡腿，会不会患禽流感？如果老师吃的是没有熟的鸡腿，又会不会患禽流感？请同学们先小组内进行讨论，然后推举一个同学来回答我的问题。

……

好，请同学们停下来，下面我们继续：

老师：为什么老师吃到没有熟的鸡腿时会这么紧张？禽流感时期我们究竟能不能吃鸡呢？

学生：……

老师：那么，有没有离开寄主独立存在的病毒呢？

学生：……

老师：当病毒独立存在时，它会变成结晶体。但此时病毒并不一定死亡了。当外界环境适宜时，病毒便会侵入活细胞，生命活动就会重新开始。所以，在禽流感流行期间，患病的鸡体内是有大量病毒的，即使我们把鸡肉加热煮熟，病毒也不一定会被杀死。它们会以结晶体的形式存在。所以，在禽流感流行期间，患病的鸡必须焚烧深埋，这时的鸡肉是不安全的。

4. 病毒的繁殖方式

老师：病毒和其他生物一样，能够产生自己的后代，请同学们猜想：

单独存在的病毒能够产生后代吗？病毒产生后代一定在体内。

请同学们看看书，用绘图的方式把病毒的繁殖过程画出来。

同时，老师在黑板上画图，把病毒的繁殖过程抽象地表示出来，然后检视学生的图画，并对病毒的繁殖方式进行重点介绍。

（本节课完！）

3

教学研究

第三章

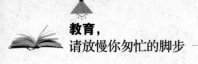

教研论文

教学、教育与教研

作为普通的教育工作者，我们如何做好自己的本职工作？

从教多年，我一直在思考这个问题。我非常热爱我的工作，希望我的学生们都喜欢我、喜欢我的教学，并能够在我的教导下健康成长，成长为一个有益于社会的人！

下面是我的一些浅近的思考：

一、教学、教育与教研三者的关系

1. 作为教师，仅仅做好"教学"工作是不够的

教学，主要是指知识的传承过程。教师在课前经过精心地准备，在课堂上使用一定的辅助手段（如多媒体课件演示、板书加精彩的讲解、富有启发性的提问、有明确目的的课堂练习等），把相关的知识传授给学生，使之了解某种原理、掌握某种方法或技能、记住某个事实或结论。

检测教学质量的方法常常就是各种考试。

作为教师，你的教学水平除了通过"学生的成绩"这一方式呈现外，还可以通过各种类型的公开课、竞赛课等方式呈现并获得大家的认可。

但我认为，作为教师，如果仅仅用"教好书"让学生"考得好成绩"来要求自己是远远不够的。这种老师，充其量只能是过去某一行业中的"师傅"，他带出的徒弟能够应付各种考试，甚至在考试中取胜。

2. 优秀的教师，应该全面做好"教育"工作

教育比教学要复杂得多，教育应该是一个更高层次的工作。我认为，教育除了包括"教学"的诸方面外，还应该包括以下内容：

（1）关注学生的整体发展。一个学生，如果只有很好的考试成绩，而没有健康的身体、健康发展的心理、正确的人生观、处理复杂社会生活中各种问题的能力，他往往很难成功。因此，教育除了要关注学生文化知识的学习外，还应该关注学生的心理与身体，关注学生的人生观，关注学生的社会适应能力等方面。

（2）加强学生的课外教育。课堂教学往往着重于对书本知识的传授。对学生的教育我认为应该是全天候、全方位的。这就要求教师能够利用一切途径（课内或课外）来开展自己的教育工作。适时对学生进行前途与理想、人生观等方面的教育；在学生遭遇挫折后开展心理疏导；在青春期躁动的年龄及时进行情感、价值观等方面的教育……

（3）给予学生学习方法的指导。作为教师，我们不能局限于"授之以鱼"，而应该"授之以渔"。当学生掌握了学习的"方法"，学生才能真正成长起来。

因此，作为教师，我们要想做好自己的"教育"工作，任重而道远。

3."教研"是做好教育工作的基础

这里的"教研"，一般理解上有两个方面的含义：普通的教学研究和教育科研。大部分人认为，科研应该是科学家的事情，与我们中学教师没有关系。事实上，这种观点是完全错误的。科研是每一个人都可以从事的，教师更应该是科研的"主体"。因此，上述的"教学研究"和"教育科研"其实是一个内涵，没有什么区别。

教研，是每一位教师自我成长的需要。优秀的教师在面对复杂的教育现象时，会在孜孜不倦地探索中体会创造的乐趣，寻找规律、发现新知，做一名学者型教师。

在教育教学实践中，有许多值得探索的问题。从小的方面来说，如知识点的把握和整理、解题规律的归纳、学习心理的研究、对教材的分析与把握、教学方法的探讨等。从大的方面来说，如转变教育思想、更新教育观念、改革教学方法、优化课堂教学、提高教师专业素质等等。这些都是值得大家深入探讨的问题。随着自身教学经验的积累，我们应该有意识地进行观察、分析、思考上述问题，从而不断地提升自我。

教研，是我们做好"教育"工作的基础。我们常说，要给学生"一碗

水"，教师要有"一桶水"。试想，如果没有教研的深入与拓展，教师每天就拿着一本教材进课堂，这样的教学，学生会喜欢、会满意吗？

对你的课堂尚且不满意，学生会喜欢上这门课程吗？

反过来，如果一位教师对自己的专业有着全面且扎实地掌握，对学生的心理有着仔细且深入地研究，面对求知若渴的孩子们的每一个问题，你都能循循善诱、详细解答。这样的老师，又有谁会不喜欢呢？

成为一名受学生广泛喜欢的教师，是实施"教育"的基础。没有人格的魅力，再理想的"教育"都是空谈！教师的"人格魅力"，往往不是你"颜值"的高度，而是你内涵的深度与广度！

你的内涵，往往靠你扎实地"研究与培养"！

二、如何开展教学研究

1. 加强学习，培养扎实的专业基础

教学研究应该从自己的专业入手。毕竟，我们在本专业上有大学学习作为基础。脱离这一基础而"另辟蹊径"，不能说一定不会成功，但从零开始，你无疑要付出更多！

因此，开展教学研究，我的第一个建议是"从你的本专业入手"。

每个人都有自己的专业，因此，接下来你要做的是"努力提高自己的专业基础"。这对你后面的工作是极为重要的。没有扎实的专业基本功，你的"教研"是很难开展下去的。

如何提高自己的专业基础呢？

方法是唯一的：学习！

但学习的形式与途径是多种多样的。你可以重新去钻研大学教材；你可以尝试用"专业知识"去解决你所遇到的各种问题；你可以向同行中的优秀者请教……

通过有目的的系统地学习，你的专业基础会稳步提升，从而为你的教学研究打下良好的基础。

2. 从课堂入手，积极改变自己的教学模式

从事教学工作几年后，你的教学会形成一定的模式。而你也将自觉或不自觉的沿着这种既定模式开展自己的教学工作。

长此以往，你就会陷入习惯中，故步自封！

开展"教研"其实是一个与自己"作对"的过程。对于已经习惯了的模式，改变起来是非常麻烦、非常痛苦的事情。但是，这种改变将带给你许多"愉快的体验"！

比方你教4个平行班，以前你可能在这4个班中使用同样的模式来讲授同样的内容。每节内容都同样地重复4遍，请问，你自己不觉得厌烦吗？

如果你从现在开始，每个班都做一些改变，尝试用不同的方法去上好每一节课。我想，你的新感觉马上会来临。这时，你不再是简单地上好一节课，你在"研究"，你在改变自己，你在为学生奉献最佳的"演出"！

教研，就是一个不断挑战自己的过程，它需要勇气，需要坚持！

在这种持续的挑战中，你会不知不觉地进步。

3. 发现问题，确定自己的"教研"方向

从事教研工作，最重要的是找准课题与方向。

经常听到一些同事讲："我也想搞搞教研，但不知道从哪里开始？"也有人说："我经常和同事一起去参加教研活动，回来就觉得没有什么事情做了！"

还有人说："研究可不是我们老师做的事情，研究应该是大学教授的事。我们中学老师就是上好自己的课，教好自己的书！"

……

从这里可以看出，许多老师连"教研"是怎么回事都不清楚，如此下去，怎样来提升自己，怎样给学生更多的"源头活水"。

那么，教研工作，又应该从哪里下手呢？

我的建议是：从你手头的工作开始，从现在开始。在我们的日常教学工作中，你难免会遇到一些问题。对于这些问题，我们不能视而不见听而不闻，我们应该仔细地思考，多方面查找资料寻求答案；或者是通过实验、通过与其他同事讨论交流等多种途径来寻找答案。这时，你实际上已经跨过了教研的门槛。接下来，把你寻求答案的过程仔细回味反思，并把你的答案与收获以文字的形式体现出来，你就有了一份教研的"成果"！

爱因斯坦说："提出一个问题往往比解决一个问题更重要，因为解决一个问题也许仅仅是一个数学上或实验上的技能而已，而提出一个新问题则需要创造性的想象力。"爱因斯坦的这句话讲的就是教研的"方向"与"切入

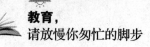

点"的问题。

对于这个问题，我倒有一个很实用的方法：把你平常遇到的各种"问题"用一个专门的本子记录下来。有时间有心情的时候便把这个本子拿出来翻一翻，做些思考与推敲，并把自己的某些"突发奇想"记录下来。久而久之，你一定可以找到自己的教研方向。

我经常用相机拍摄身边美丽的植物，这样，我遇到了许多不认识的植物。我心里想："要是手头有一本便于随身携带的植物图鉴该多好啊！"于是，我上网查询，发现没有这方面的书籍，一些大的《植物图鉴》不仅重量惊人，无法随身携带；且以前的《植物图鉴》往往是手绘的，并不十分准确。还有一个最大的缺点，《植物图鉴》往往是黑白的，它失去了植物本身最迷人的优点。基于此，我决心自己动手，去开发一个"网络标本馆"。相信大家已经知道，这将是我们工作室全体成员在未来5～7年内的主要工作！

教学中的问题那么多，选择其中的一个开始吧！

4. 开拓创新，形成自己的"教研"成果

教研工作的开始也许不再是困难的事。但是，要形成一定的教研成果，则需要你做好以下工作：

确定教研课题，并形成切实可行的教研计划（或者叫研究方案）。

（1）组建教研团队，按照研究方案开始认真实施；团队成员间应该有合理的分工，既发挥个人在某些方面的特长，又充分利用团队成员的集体力量。

（2）记录实施过程中的每一个细节，包括现象、困难、思想火花、讨论细节等。

（3）及时总结，形成一定的课题论文。

（4）就本课题的研究，可聘请相关的专家进行指导与评估。

（5）形成课题成果。

教学研究是每一个教师成长过程中的必经之路！

通过日常的教学研讨，你能够解决某个疑惑。而经历一个完整的"教学科研"过程，你发现问题、分析问题与解决问题的能力将会大大提升！

教学科研，将引领你走向成功！

（2016 年 3 月 31 日）

RNA病毒体内是否含有逆转录酶

在高等学校教材《微生物学》①的第124页，有如下表述：病毒蛋白质的主要功能是构成病毒粒子外壳，保护病毒核酸免受核酸酶及其他理化因子的破坏；决定病毒感染的特异性，与易感细胞表面存在的受体具特异性亲和力，促使病毒粒子的吸附；决定病毒的抗原性，并能刺激机体产生相应的抗体；此外，病毒蛋白质还构成了病毒组成中的酶。大的、结构比较复杂的病毒，多数含有酶，其中一类是分解性酶，能破坏宿主细胞膜和细胞壁，如噬菌体溶菌酶、流感病毒的神经氨酸酶等；另一类是合成性酶，主要催化核酸的合成，如呼肠孤病毒的RNA转录酶、鸡新城疫病毒的RNA聚合酶以及Rous肉瘤病毒的以RNA为指导的DNA聚合酶（或称逆转录酶）等，它们在复制中起作用。

在这段引文中，有"Rous肉瘤病毒的体内含有DNA聚合酶（或称逆转录酶）"的说法。笔者认为，这种说法是错误的。理由及分析如下：

一、从病毒的结构特征看，病毒不能合成逆转录酶，逆转录酶在病毒体内也不起作用

病毒是一类没有细胞结构，专性活细胞内寄生的实体。它们在活细胞外具有一般化学大分子特性，一旦进入宿主细胞又具有生命特征。

病毒的主要特征如下：

（1）无细胞结构，仅含一种类型的核酸——DNA或RNA，至今尚未发现二者兼有的病毒。

（2）大部分病毒没有酶或酶系统极不完全，不含催化能量代谢的酶，不能进行独立的代谢作用。

---

① 武汉大学、复旦大学微生物学教研室.微生物学（第二版）［M］.北京：高等教育出版社，1981：124.

（3）严格的活细胞内寄生，没有自身的核糖体，不能生长也不进行二均分裂，必须依赖宿主细胞进行自身的核酸复制，形成子代。

（4）个体极小，能够通过细菌滤器，在电子显微镜下才可看见。

（5）病毒对抗生素不敏感，对干扰素敏感。

根据病毒所含的核酸类型，可以把病毒分为两大类：DNA病毒和RNA病毒。RNA病毒的核酸是RNA分子，RNA分子有单链的（+RNA，−RNA）和双链的（±RNA）。

从这些特征入手，我们不难得到下面两点推论：

1. 病毒不能合成逆转录酶

逆转录酶是一种蛋白质，它是在核糖体上，将许多个氨基酸以脱水缩合的方式按照一定的顺序连接起来的大分子物质。蛋白质的合成过程需要核糖体作为场所，需要多种氨基酸作为原料，需要相关的酶催化，还需要ATP供能。

（1）首先，病毒体内没有核糖体这一场所。

（2）其次，因为病毒不含催化能量代谢的酶，所以，它是不能提供相应的能量的。

（3）再次，由于"大部分病毒没有酶或酶系统极不完全"，它几乎肯定不含有催化蛋白质合成的酶。

基于这几点可以得出结论：病毒自身是不可能合成逆转录酶的。

2. 逆转录酶在病毒体内不起作用

逆转录酶的作用，是以病毒的+RNA为模板，合成−DNA，再以−DNA为模板，合成双链DNA（±DNA）。

目前已知的所有病毒中，都仅含一种类型的核酸——DNA或RNA，至今尚未发现二者兼有的病毒。也就是说，在所有可能含有逆转录酶的RNA病毒中，是没有DNA存在的。这很清晰地告诉我们，假定在某些RNA病毒中含有逆转录酶，但这些酶都是没有起作用的。

综上所述，病毒既不能自己制造逆转录酶，逆转录酶在其体内也不起作用。从进化的角度看：病毒的身体里含有这种不起任何作用的逆转录酶的说法显然是站不住脚的。

二、病毒利用自身携带的遗传信息，在宿主细胞内合成逆转录酶

我们知道，部分RNA病毒（如Rous肉瘤病毒）能够以自身的+RNA为模板，合成−DNA，再以−DNA为模板，合成双链DNA（±DNA）。在这个过程中是需要逆转录酶的。下面，笔者以DNA的合成过程来进行说明：

1. 以"病毒的+RNA为模板，合成−DNA"的过程在宿主细胞内进行

首先，在病毒的体内无法进行核酸的复制与合成过程。

其次，在RNA病毒的体内不存在DNA，客观地告诉我们这一过程发生在宿主细胞内。既然这一过程发生在宿主细胞中，则催化这一过程的逆转录酶必须在宿主细胞中出现。

那么，这里的逆转录酶是由病毒注入的？还是宿主细胞在病毒遗传信息的指导下合成的呢？

如果是前者，则病毒必须携带一种自己无法制造的蛋白质（逆转录酶）；如果是后者，则宿主细胞必须具有制造这种逆转录酶的能力。众所周知，在宿主体内，合成逆转录酶所需的氨基酸、核糖体、酶和能量都是现成的。宿主细胞在病毒遗传信息的指导下，是能够合成所需的逆转录酶的。

2. RNA病毒利用自身信息在宿主细胞内指导合成酶的证据

当RNA病毒侵入宿主细胞后，病毒会先脱去衣壳，接着，其裸露的RNA会指导合成一些酶（如RNA多聚酶）。在该酶的催化下，进一步合成抑制细胞代谢的物质[1]，从而阻止宿主细胞自身的代谢活动。

当宿主细胞的代谢活动基本停止后，病毒的RNA的作用进一步发挥，包括利用宿主细胞的各种材料和场所，开始逆转录合成DNA、转录形成mRNA、形成子代RNA和蛋白质、组装形成子代病毒等过程。

很显然，病毒在宿主细胞中裸露的RNA即具有转译形成相应酶的能力。因此，当RNA病毒侵入宿主细胞脱去衣壳后，病毒的RNA还会指导合成所需的

---

① 武汉大学、复旦大学微生物学教研室.微生物学（第二版）［M］.北京：高等教育出版
　社，1981：134.

逆转录酶。

3. 在部分RNA病毒的核酸上，含有指导逆转录酶合成的遗传信息

RNA病毒的核酸是RNA分子，在其RNA分子上携带有多种遗传信息，包括控制合成逆转录酶的遗传信息。

由于病毒不能进行独立的代谢活动，因此，该遗传信息在病毒体内不会表达。所以，在病毒体内不存在逆转录酶。

病毒是严格的活细胞内寄生，没有自身的核糖体，不能生长也不进行二均分裂，必须依赖宿主细胞进行自身的核酸复制，同时也依赖宿主细胞合成所需要的酶、衣壳蛋白等。所以，病毒不需要自身携带逆转录酶。

值得指出的是，并不是所有的RNA病毒都含有逆转录酶信息。含有逆转录酶信息的病毒称为逆转病毒。逆转病毒含有+RNA，在逆转录酶的作用下，以病毒的+RNA为模板，合成—DNA，再以—DNA为模板，合成双链DNA（±DNA）。由此方式合成的±DNA不仅可以作为模板制造mRNA，而且还能与宿主细胞的DNA整合而变成细胞DNA的一部分。目前很多人认为这就是肿瘤病毒所能诱发肿瘤的原因。

综上所述，我们可以得到这样的结论：

（1）逆转病毒的体内是不含有逆转录酶的，只在它的RNA上有指导合成逆转录酶的遗传信息。

（2）当逆转病毒感染宿主细胞后，它裸露的RNA的部分结构即开始指导合成一些酶，包括催化阻抑物质合成的酶以及逆转录酶。在阻抑物质的作用下停止细胞自身的代谢，在逆转录酶的作用下，以RNA为模板，利用细胞内的原材料逆转录合成病毒的DNA，再以病毒的DNA为模板进行转录、翻译等工作，或者是整合在宿主细胞的DNA上。

恐龙天绝原因的推论

在距今2亿多年以前的中生代，地球上的爬行动物（恐龙）非常繁多。有的在陆地上栖息（如马门溪龙、多背棘沱江龙、永川龙），有的在水中游泳（如鱼龙、蛇颈龙），有的在空中飞翔（如准噶尔翼龙），它们在地球上称霸长达一亿年之久，占绝对优势。因此，中生代又被人们称为"爬行动物时代"或"恐龙时代"。

到了中生代末期，恐龙灭绝了！

关于恐龙灭绝的原因，中学教材上的阐述为："到了中生代末期，地球上出现强烈的造山运动，影响了气候和植物的变化，这些变化对于体温不恒定、大脑不发达、卵生和体躯庞大的古代爬行动物（恐龙）是非常不利的，于是，很多爬行动物因为不能适应外界环境的变化而绝灭了。"

这种解释符合达尔文的"适者生存"理论。整体上讲是不错的，但它没有提供具体有力的解释。另外，其中许多说法是有错误的：①造山运动是一个极为缓慢的过程，它对气候和植物的影响是微乎其微的。②古代爬行动物对环境的适应能力相对来说是较强的，至少比当时的两栖动物要强许多，同样的环境条件下，恐龙灭绝，而一些两栖动物存活下来，仅靠抽象的"适应理论"很难解释。③有许多恐龙的体躯并不庞大，如能够飞翔的翼龙。据资料可知，有一类恐龙比现在的猫还小。④众多的恐龙类群中，为什么没有个别适应能力强的变异类型存活下来？……

于是，有学者提出如"小行星撞击地球说""恐龙蛋壳过薄说"等理论。笔者认为这些理论大都有一定的道理，但用之解释地球霸主恐龙的灭绝都很牵强且站不住脚。最近，笔者再次仔细阅读武汉测绘科技大学出版社出版的董妙先先生所著的《多四季论》一书，受其启发，提出恐龙灭绝的新的理论——自然淘汰说。

1. 自然淘汰说的理论体系

一个物种的灭绝，不可能仅仅由某些外来的偶然因素（天灾、疾病等）导致。偶然因素可以导致某种生物大量死亡，但基本找不到偶然因素导致生物灭绝的例子。如历史上曾经出现的鼠疫、西班牙流感等，虽然这些疾病是如此凶猛，导致了千千万万人的死亡，但都没有导致人类的灭绝，许多的生命都在当初可怕的环境中顽强地存活下来了！

生命是十分顽强的，外因只可能是一种诱因，导致物种绝灭的原因应该是在内部。笔者认为：

（1）任何一个物种的灭绝，必然有其内在的不可避免的原因。

（2）恐龙自身的局限，导致了这个物种的灭绝。

恐龙属于爬行动物，和许多爬行动物一样，恐龙的性别分化决定于恐龙蛋孵化时的温度。下面是来自于美国最权威的研究性学习教材《科学探索者》（浙江教育出版社）上的一则资料：

科学家在四种不同的温度条件下孵化同一种短吻鳄的卵。当小短吻鳄破壳而出后，科学家计算其中雌性鳄鱼的条数。统计结果见下表所示数据：

孵卵温度与雌雄性鳄鱼条数的关系

孵卵的温度	雌鳄条数	雄鳄条数
29.4℃	80	0
30.6℃	19	13
31.7℃	13	18
32.8℃	0	106

（★★★数据来源于《科学探索者·动物》P109）

实验数据很清楚地告诉我们：小短吻鳄的性别分化与其受精卵的孵化温度有密切的关系。低于某一温度，孵化出的小短吻鳄全部是雌性；高于某一温度，孵化出的小短吻鳄全部是雄性。

恐龙与短吻鳄同属于爬行动物，在形态、生理、发育等许多方面是相同或相似的。根据短吻鳄受精卵孵化与温度的关系，我们能否进行如此推理：

① 恐龙卵的性别分化与孵化温度也有同样的关系。即在某一临界温度下，孵化出的小恐龙全部是雌性；而高于另一临界温度时，孵化出的小恐龙全部是雄性。

② 在"恐龙时代"的末期，由于某种原因，地球的气温在很长一段时间低于（或高于）正常气温。

③ 在上述两项成立的条件下，很长一段时间内孵化出的小恐龙全部是雌性（或雄性）。

④ 假定恐龙的生理寿命平均为30年，那么，在气温出现异常的30年之后，地球上因为原有的雄性（或雌性）恐龙纷纷死亡，而没有新的雄性（或雌性）恐龙出生。则残存的雌性（或雄性）恐龙失去了交配对象，它们再也不能形成受精卵了。

在以上情况下，恐龙很快就灭绝了。

（3）外界温度长时间、大面积异常是恐龙灭绝的直接诱因。

要证明上述推理，需要寻找两方面的证据：①在"恐龙时代"末期，地球气温大面积、长时间异常的证据；②恐龙蛋的性别分化与孵化温度的实验数据。

对于第①个方面的问题，我从《多四季论》这本书中找到了直接的证据，后面进行详述。

对于第②个方面的问题，我们无法再进行直接的实验，恐龙蛋不复存在。但是，我们可以用其他爬行动物的卵进行类似实验，并以此与恐龙进行类比。

2. 自然淘汰说的证据

首先，请允许我介绍一下董妙先所著《多四季论》中的相关内容：

（1）地球上"四季"的形成。

地球在椭圆轨道上围绕太阳公转，公转周期为一年。当地球距离太阳（热源）最近的时候，地球气温上升，出现"夏季"，而当地球远离太阳时，地球气温下降，出现"冬季"。二者中间则是春季和秋季。年年如是，周而复始。

（2）"多四季"的概念及其成因。

由太阳及其行星（如水星、金星、地球、火星、木星等）一起构成了"太阳系"，和地球一样，太阳系也在椭圆轨道上以每秒20公里的速度围绕银河系的"银心"运转，从而出现了"大四季"。我们把太阳绕银河系一周的时间叫作一个"宇宙年"，为2.3亿年。在一个宇宙年中，"大夏季"有6 000万年左右。同样，整个银河系也像太阳系一样绕着更大的星系公转，这样就出现了更大的四季。

地球既绕着太阳公转，又和太阳系一起绕着银河公转。由于与不同强度热源的距离、辐射角的变化而形成多种不同周期和不同程度的四季变化，这就是"多四季"的由来。

在地球上，较大四季中包含着若干个较小四季，较小四季的冷暖程度与它处在较大四季中的哪一阶段有密切关系，由它们共同决定地球的气候。这样，我们就能理解古今不同时期的气温差别较大的原因了。很明显，大夏季中的小春季，其气温会远远高于大冬季中的小春季。

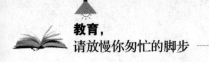

（3）恐龙生活在"大夏季"时代。

在恐龙生活的6 500万年前，地球正处于大夏季时期。当时，地球随太阳系在天体密集、炽热的恒星区运行，密集的"陨星雨"撞击地面，并引发森林大火。在恐龙绝种时代的泥土标本中，我们发现了分量惊人的烟灰和木炭，而且散布均匀一致，这表明当时的大火是全球性的。

在当时明显高出正常的气温条件下，所有的恐龙蛋全部孵化出单一性别的小恐龙（都是雌性或都是雄性，二者结果一样）。这种情况持续的时间不是一个小的夏季，而是由当时的"大夏季"决定的。因此，高温持续的时间远远超过了几十年（恐龙的寿命）。我们假定当时出生的小恐龙全部是雄性，又假定恐龙的寿命为30年，不难推测，这样糟糕的情况只要有30多年，地球上就再也没有雌性恐龙，那时恐龙就不会有后代了。

30多年的异常温度，就可以导致地球霸主恐龙的灭绝！

3. 几点解释或说明

（1）温度对生物的生存、繁殖、分布等方面的影响是非常巨大的。由小行星之类的天体撞击地球引起的气温变化和多四季理论引起的地球气温变化是不同的，前者是局部的、短期的，后者是全面的、长期的（"大季节"的时间）。前者只能对局部地区的生物构成影响，后者才能够对全球生物构成影响。

（2）外界环境只是诱发因素，恐龙灭绝的关键是其自身的局限（异常温度条件下，恐龙蛋孵化出单一性别的小恐龙）。自身的局限是恐龙无法避免的，而没有这种局限的刚刚进化出现的哺乳动物能够生存下来也从反面证明了这一点。所以，笔者把恐龙灭绝的现象称为"自然淘汰"，理由在此。

（3）和恐龙同时代的许多生物都生存下来了，这从另一个方面证明了当初的环境条件并不是毁灭一切的，它毁灭了恐龙而没有毁灭其他生物，正好说明了"内因是恐龙灭绝的根本原因。"

（4）关于爬行动物的性别决定与孵化温度的关系，尚没有更多的实验数据，后面需要进一步进行实验和认证。

（5）疾病、瘟疫不会导致恐龙的灭绝。由于地理隔离，再强的瘟疫也不可能把全世界范围内的恐龙通通杀死。

（6）"恐龙蛋壳过薄"的说法更加站不住脚。要知道，恐龙借助其"蛋"在地球上可是繁衍发展了一亿年之久。它的蛋壳是足以保护其中的胚胎的。即使有部分的恐龙蛋因为环境等原因出现异常而变薄，它也会很快被淘汰，根本不会对恐龙（物种）构成威胁。

（7）"恐龙"这个名词并不意味着是一种动物，它实际上是许多爬行动物的总称。由于这些爬行动物大多体积较大，所以冠以"恐"字。正因为"恐龙"不是一个物种，因此，这许多种类恐龙的灭绝就应该是它们共有的某些特殊原因了。

限于篇幅，作者没有引用《多四季论》一书中关于"多四季"理论的许多证据，这些证据是正确的、极有说服力的。建议读者进一步阅读该书。

借此机会向董先生表示感谢和敬意！

限于笔者的水平，文章中的某些说法可能是不严谨的，谨表歉意。并请各位专家学者批评指正。

（2014 年 10 月 1 日）

"原始的生殖细胞"是生殖细胞吗

——对高中《生物》中一个概念的质疑

高中《生物》教材第102页有如下叙述：

"凡是进行有性生殖的动植物，在从原始的生殖细胞（如动物的精原细胞或卵原细胞）发展到成熟的生殖细胞（精子或卵细胞）的过程中，都要进行减数分裂。"

教材在这里指出：精原细胞或卵原细胞是"原始的生殖细胞"。那么，"原始的生殖细胞"是不是生殖细胞呢？

首先，从语言学与逻辑学的角度讲，"原始的生殖细胞"也好，"成熟的生殖细胞"也好，都应该是生殖细胞。正如化学中的硫酸、盐酸、硝酸，虽然它们各有个性，但是它们都具有酸的通性，所以把它们都称为酸。倘若把 SO_3、CO_2 之类的物质称为"特殊的酸"或"原始的酸"，（$SO_3+H_2O=H_2SO_4$，$CO_2+H_2O \rightleftharpoons H_2CO_3$）很显然是错误的。

那么，精原细胞或卵原细胞是生殖细胞吗？让我们进行一下简单的分析：

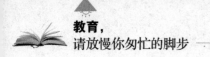

（1）生殖细胞一般是通过减数分裂形成的，它形成后不能再进行减数分裂；（例如精子与卵细胞）而精原细胞或卵原细胞是通过有丝分裂来增殖的，它可以进行减数分裂。

（2）生殖细胞所含染色体数是本物种体细胞染色体数目的一半，如人的精子或卵细胞所含染色体都是23条；而精原细胞与卵原细胞则含有染色体46条，与体细胞一致。

由此可见，所谓的"原始的生殖细胞"其实不是生殖细胞。它应该是一种特殊的体细胞，它能以有丝分裂的方式增殖，也能以减数分裂的方式形成生殖细胞。

所以，笔者建议取消"原始的生殖细胞"这一不合逻辑的概念。

（2001 年 10 月 12 日）

正确认识单倍体中的"染色体组"

——谈"染色体组"与"基本染色体组"的区别

现行高中《生物》教材中，有两处叙述相矛盾：

（1）教材第201页第二行起："应该指出，有的单倍体生物的体细胞中不只含有一个染色体组。例如：普通小麦是六倍体……而它的单倍体植株的体细胞中则含有三个染色体组。"

（2）第198页倒数第一行起："凡是体细胞中含有三个以上染色体组的个体，就叫多倍体。其中，体细胞中含有三个染色体组的个体，叫作三倍体……"

按叙述（1）和（2），普通小麦的单倍体植株，因其体细胞中含有三个染色体组，那它又可以归入三倍体或多倍体了，显然，两处自相矛盾。

应该指出，引文（1）与大学教材《遗传学》的说法不统一，《遗传学》告诉我们，含有1个染色体组的个体叫单倍体，含有2个染色体组的个体叫二倍体……

其实，问题的关键在于中学教材上没有把"染色体组"与"基本染色体组"区别开来。遗传学上，把起源于二倍体生物的配子中含有的1组染色体，称为一个基本染色体组（lx）。一个基本染色体组的各成员，在形态、大小和遗传性质上各不相同。而起源于多倍体生物的配子中含有的1组染色体称为1个染色体组（1n）。

关于"基本染色体组"与"染色体组"的关系：起源上为二倍体的生物，1n=lx，即这二者概念相同；起源上为多倍体的生物，配子中的1个染色体组，是其内各基本染色体组之和，如普通小麦的1个染色体组1n=3x=21。

因此，叙述（1）中的"染色体组"应改为"基本染色体组"，这样，才不会出现矛盾，也有利于学生理解单倍体、多倍体等概念。

（2001年3月2日）

对"观察根尖分生组织细胞的有丝分裂"实验的三点改进

在普通高中课程标准实验教科书《生物》（必修1）教材的第115～116页，有"观察根尖分生组织细胞的有丝分裂"的实验。本实验的目的有两个：制作洋葱根尖细胞有丝分裂的临时装片；观察植物有丝分裂的过程，识别有丝分裂的不同时期，比较细胞周期不同时期的时间长短。

然而，笔者在组织所任教的6个班的学生进行实验时，几乎没有一个小组特别成功。起初，笔者以为是学生没有按照教材的操作方法进行，或者是学生的动手能力太差，导致实验效果不明显。后来，笔者干脆加入到几个小组中，和他们一起进行规范地操作，效果依然不理想。课后，笔者经过反复摸索，对实验中的三个环节进行了小小的改动，效果比较显著。改动的地方如下：

1. 将洋葱根尖进行纵切处理

分析学生的实验过程，其不成功的原因应该是实验过程时间太长，（解离需3～5min、漂洗需约10min、染色需3～5min，还有制片等过程。）学生不愿做过多的等待，于是，导致解离、漂洗不彻底。因此，制作的装片太厚，多重细胞重叠，观察效果很差。通常，由于根表面的细胞排列更紧密，解离液等渗透到根尖内部所需的时间相对较长，如果解离不充分，则组织中的细胞彼此难以

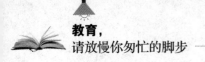

分开。如果解离时间过长，则漂洗所需时间会更长。

笔者将根尖（3～4mm）进行纵切后，不仅减少了实验中解离、漂洗、染色的时间，同时，更有利于"压片"的操作。纵切后，解离液等渗透到根尖内部所需的时间大为缩短，漂洗、染色都变得更加容易。从而，有效地缩短了实验时间，增强了实验的效果。

将根尖直接纵切是比较困难的。操作时，可以将根尖放在载玻片上，用镊子的两脚将根尖固定使其不能滚动，再用刀片在镊子的两脚间纵切根尖即可。

2. "染色"之后再"漂洗"一次

给根尖染色后，根的表面会留有甲紫残液，由于甲紫有较深的颜色，势必影响对材料的观察。

因此，笔者建议在"染色"之后再"漂洗"一次，这样可以减少根表面的浮色对观察的影响。

3. 改变压片的方法

教材介绍的操作步骤：染色后，需用镊子将根尖取出来，放在载玻片上，加一滴清水，并用镊子尖把根尖弄碎，盖上盖玻片，在盖玻片上再加一片载玻片。然后用拇指轻轻地按压载玻片，使细胞分散开来。

事实上，按照这样操作，可能会出现三个方面的问题：①压碎盖玻片，尤其是解离不充分的根尖，常常有压碎盖玻片的情况发生；②用于压片的载玻片与盖玻片粘连，常常是取下载玻片时带走下面的盖玻片，需要揭下粘连的盖玻片后重复盖上；③重复盖盖玻片时，材料移位、重叠、相互干扰，影响观察。

因此，在压片时，我进行了如下改动：在盖玻片的上方先加一片干燥的定性滤纸，再在滤纸上加一片载玻片进行压片。这样改动后，盖玻片被压碎的情况没有了；载玻片与盖玻片不再粘连，消除了重复盖盖玻片的弊端；还有，这样压片，用力更加均匀，组织细胞分散得更开，更有利于观察。另外一个好处就是：在压片的同时吸除了装片上多余的水分，避免了对显微镜的污损。

（2008 年 3 月 6 日）

"体液的调节作用"与"体液调节"

人教版初中《生物》第二册第五页有如下叙述:"人体之所以成为一个统一的整体,是由于神经系统和体液的调节作用,特别是神经系统的调节作用。"笔者认为,文中"体液的调节作用"这种说法欠妥。

1. 体液有调节作用吗?

从逻辑上看,"体液的调节作用"是指完成调节作用的主体是体液。那么,体液是否有调节人体生命活动的功能呢?

所谓调节,是指某种因素能使受体在一种状态与另一种状态间相互转换。如植物性神经对肠、胃功能的调节:当交感神经兴奋,副交感神经抑制时,胃、肠分泌消化液减少,蠕动减弱;当副交感神经兴奋,交感神经抑制时,胃、肠分泌消化液增多,蠕动加强。再如血糖浓度的调节:当血液中葡萄糖的浓度高于0.1%时,胰腺分泌胰岛素增加,血糖转化为肝糖原或其他,从而降低血糖浓度;当血液中葡萄糖的浓度低于0.1%时,胰腺分泌胰高血糖素增加、胰岛素减少,促进肝糖原转化为葡萄糖,从而升高血糖浓度。由此可见,要对某一受体进行调节,调节者通常以两种相辅相成的形式或状态存在,如神经的兴奋与抑制,腺体分泌的加强与减弱。但体液显然没有这样的两种状态,相反,体液必须维持相对稳定才能维持细胞正常的生理。如体液中的无机盐对维持细胞的渗透势有重要作用,当某种无机盐增多或减少时会改变细胞的渗透势,引起水分出入细胞,甚至导致细胞皱缩或胀破。可见,体液中诸成分必须维持相对稳定,才能维持细胞的正常形态与生理。

2. 体液的作用是什么?

体液的作用是什么呢? 考察体液的成分,我们不难得出结论。教材告诉我们,体液是指细胞内与细胞外的液体。那么体液的主要成分是水,其次是溶于水的无机盐、糖类、氨基酸等化学物质。在细胞中,它们是细胞的主要构成成分;在细胞外,它们形成较为稳定的内环境,并不断与细胞进行物质交换,为细胞提供氧气与养料,把细胞产生的二氧化碳与其他代谢废物带走。可见,体

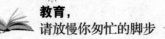

液的主要作用是维持内环境的稳定，保证细胞内外物质的平衡，从而保证细胞的正常生理。

3. 体液调节

从上面简单的分析中我们不难推断：所谓"体液的调节作用"是"体液调节"之误。"体液调节"为生物学上的一个专有名词，它指"激素、二氧化碳等化学物质通过体液的运输而对人体生理活动进行调节"。从概念可知，完成调节作用的主体是激素、二氧化碳等化学物质，"体液"在此仅充当了运载工具。

因此，对某些专有名词，我们不能随意拆分或做断章取义的修改。否则，容易使人产生错误的认识。例如《素质教育新学案》一书中就有这样的例题：

例：使人体成为一个统一的整体，起调节作用的是（　　　）

A.体液　　　　　B.神经　　　　　C.激素　　　　　D.神经和体液

答案：D

很显然，上述的解析与答案是值得商讨的。或者说，题目本身就是有问题的。

体液没有调节作用，"体液调节"不等于"体液的调节作用"。建议教材对那段叙述作如下修改："人体之所以成为一个统一的整体，是神经调节与体液调节共同作用的结果，其中，神经调节占主要地位"。

拖鞋的"忠告"

我叫拖鞋，有一个漂亮的英文名称"slipper"。和许多兄弟姐妹一样，我在一位主人家干活，工作嘛，——礼宾，就是用自己的身体温柔地服侍到主人家做客的先生们、女士们。不瞒您说，我很满意我的工作！

主人是一对年轻的夫妇，小两口待我也特别好，每天他俩下班回来，我就一直陪伴着他们，直到小两口上床休息，真可谓是形影不离。可是，有一件事让我非常内疚。

事情是这样的，这两天，我的主人几乎同时出现脚趾奇痒，用了许多药膏，都不见有什么效果。我是看在眼里急在心头，责任全在我呀！

上个周末，主人家来了几位客人，就是我和我的几位兄妹负责接待的。

当时，有一位穿白丝袜的小姐选中了我，她长得很漂亮，当然我也很乐意为她服务。可是，不久我就发现她有比较厉害的脚气，还亲眼看到她偷偷地搔了两次脚。

客人走后，又轮到我服侍女主人了。就这样，我成了传播脚气的媒介。

我真想把这一切都告诉我的主人，并给他们提几点建议：

（1）今后聘用我们时，可以把我们的工作分得精细些，卧室和客厅用的分开。

（2）经常给我们洗洗澡，照照紫外线，使我们的工作更令人满意。

（此文发表于 2001 年 2 月 7 日《健康报》第 6201 期）

浅谈学生科学探究素质的培养

对学生科学探究能力的培养是新的《课程标准》最基本的要求之一。新的《课程标准》要求学生理解科学探究的一般过程，掌握科学探究的基本方法，并把科学探究应用到理论知识的学习和科学实践的过程中去。

在这种新的课程理念的指导下，传统的课堂和考试都发生了根本性的转变。在课堂上，教师更加重视学生的动手、动脑活动，强调学生的探究能力，要求学生用观察、模仿、实验、猜想等手段获得经验，逐步建构并发展自己的认知结构。于是，一方面，课堂气氛充分地活起来了，探究也成了学生解决问题、获得知识的重要途径。另一方面，传统的考试题目也在悄悄地变化。作者对长沙市近几年的中考试卷进行过分析：2004年长沙市的生物中考试卷中，与科学探究相关的有3道大题，分值为15分；2005年试卷中的第34题、第36题、第37题、第38题以及第40题都与科学探究相关，分值超过了20分；而2006年的试卷中，关于科学探究的题目则占了25分。我们可以清楚地看到：传统的对知识死记硬背的题目正在逐渐减少，而对学生的科学探究能力的考查正在逐步加

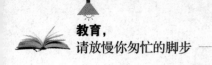

强，探究性试题所占的比重正在逐年上升。

由于科学探究适应的范围非常广阔，中考中关于科学探究的考试试题也就千姿百态，令人捉摸不透了。于是，许多教师都反映对中考题中的科学探究类试题难以把握。有人说，在课堂上已经让同学们充分地探究了，可同学们在做科学探究类试题时总是不如人意，甚至是越来越差。2006年长沙市初中毕业学业考试试卷中的第35题就是一道典型的科学探究类试题，它考查学生提出问题、做出假设、设计实验方案等方面的能力。从评卷的情况来看，本题是这套会考试卷中学生失分最高的一道题，它反映了学生对这一类试题的掌握不够，也似乎印证了上述说法。因此，教师如何在课堂教学中引导探究，如何指导学生解答科学探究类试题，如何真正提高学生的科学探究素质是一个让人值得认真研究的问题。

作者认为，培养学生的科学探究素质是提高学生科学探究能力的关键。培养学生的科学探究素质不应该仅仅局限于课堂，更应该贯穿于学生学习生活的始终。

1. 分解科学探究过程，抓住课堂教学的主阵地

课堂教学无疑是教师实现其教学目标的主阵地，培养学生的科学探究素质当然应该主要在课堂中进行。基于这种认识，于是许多教师大胆地放开手脚，让学生充分自主地去探索。教室里变得热热闹闹的，每一个同学都动起来了。但是，一节课下来，同学们却没有多大的收获。可见，课堂探究不仅仅是放开手脚，而应该是在教师的精心设计下，通过教师的循循善诱引领着学生一道前进的发现之旅。学生的参与无疑是重要的，但更重要的是教师不着痕迹的引导。没有教师认真地引导，学生的探究往往是一顿"乱探"。

作者认为，一节课并不仅仅只有课堂的45分钟。它还应该包括教师在课前若干个45分钟里所做的充分准备。通常，大家习惯单看课堂的45分钟，而忽视了此前教师的准备，就课论课，作者认为，这种做法是十分片面的。

教师幕后的"准备"是学生课堂探究的基础。教师简明扼要而又引人入胜的引路、难易适中而又富有启发性的练习设计，对教材重点的准确把握、对知识难点的透彻分析等，无不引导着学生的探究过程。由此，我们也能看出，在课前老师该有多少事情要做！如果一个教师对这些事情准备得相当充分，那么他在课堂上一定能够循循善诱，从而很好地带动学生的探究。反之，如果一个教师在这些方面做得不够，那么他如何去进行引导呢？如果这种情况下他把更多的时间交给学生，那么学生是不会有什么收获的。

科学探究的一般过程包括：提出问题——做出假设——提出方案——讨论并完善实验方案——进行实验——分析结果，得出结论等六个过程。在一节课或几节课中完整地实施这几个过程几乎是不可能的。因此，教师应该将科学探究的过程分解开来，在某一节课上有针对性地训练或培养学生某一方面的能力与素养。下面是我在教学中的一个实例：

科学探究的第一个环节是提出问题。是的，同学们都会提问，但并不是每一个同学提出的问题都适合探究。一天，我留意到我校大门两侧的一些植物的叶面上有瘤状突起，于是，我采摘了几片叶片带到教室里。上课时，我把这些叶片展示给同学们看，让他们提出问题。一会儿，就有同学举手了，我就让其中的几位同学把他们的问题写在黑板上：

小明：植物的叶为什么会这样呢？

小丁：叶面上的这种突起一定是由变异引起的。

小纪：这种植物可能是生病了，是细菌引起的？还是病毒或其他生物引起的呢？

小凌：这些瘤状的突起是什么？它对植物有利还是有害？

4位同学分别提出了不同的"问题"。无疑，他们提出的问题在不同的层次上，如果没有教师的引导与分析，学生只会停留在此而不会进步。于是，我接着问同学们，谁提的问题最好？

教室里一下子变得热闹非凡了，有的说小明的问题好，有的说小丁的问题好，也有的说小纪的问题好，……谁也说服不了谁。

等同学们都安静下来后，我问他们："同学们，为什么你们会有不同的看法？为什么你们没有一个统一的认知呢？"

有同学站起来说："因为大家没有一个统一的评价标准！"

"对，我们没有一个统一的评价标准"有同学附和。

看来同学们都已经认同了这个观点。于是，我示意同学们安静下来，对他们说："要评价这4位同学提出问题的好坏，我们首先得有一个标准。那么，什么样的问题才是最好的问题呢？请同学们先制定一个评价标准。"

"……"，教室里又变得热闹起来。我的引导穿插在学生的讨论中，不时

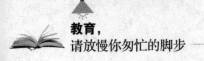

对他们的标准给予肯定。渐渐地，大家的意见趋于一致，终于，标准出来了：问题要简洁、准确、有方向性，并且适合展开来进行探究。

多好的标准！于是，我带着全班同学依据这个标准对4位同学提出的问题进行了逐一评价，很快大家的意见统一了：

"从适合展开来进行探究的角度考虑，小纪的问题无疑是最好的。他提的问题方向性很强，沿着这种思路进行探究，很容易得出结论。小明的问题过于抽象，我们无法着手；小丁的问题准确地讲应该是一种假设而不是问题；小凌一下子提出了两个问题，这不符合由浅入深的原则。"

这一节课我没有做其他的事情，仅仅是要同学们提了一个"问题"，并对提出的问题进行了评判。但同学们都反映很有收获，都对"提出问题"有了较深刻的印象和认识。

我们将科学探究的过程分解开来，在某一节课上有针对性地训练学生对某一环节的理解，而不应是面面俱到，这对于学生科学探究能力的培养应该是最有效的。另外，对于基础不同的学生，教师的引导也应该有所不同。学生的基础包括两个方面的含义：第一，学生在该学科下的学习情况与知识积累；第二，学生进行课堂探究的经验与能力。

对于那些基础较好、自主探究能力较强的学生和班级，我们当然应该给他们更多的时间，这有利于他们主动去探究自己感兴趣的问题，从而更充分地调动起他们的主观能动性。我们知道，中学生正处于人的一生中长身体、长知识的关键时期，他们的大脑兴奋性很强，容易接受新事物；他们思维活跃，敢想敢做。因此，多给他们自主探究的空间，更有利于发挥他们的创造性，从而更好地培养他们的创新精神和实践能力。

对于那些基础较差、自主探究能力较弱的学生和班级，我们应该给予他们更多的引导。由于学生已有的知识积累相对贫乏，当学生遇到新情景、解决新问题时，他们的能力往往不够。让他们去自主探究，他们往往无法抓住重点，甚至无从下手。因此，对于这样的学生和班级，我们首先应该因势利导，逐步培养他们的自主探究能力。

2. 拓宽视野，把科学探究过程融入课外活动中去

对学生科学探究素质的培养仅靠课堂教学是不够的。作为教师，应该随时注意对学生的引导，并把培养学生科学探究素质的工作延伸到学生生活的方方

面面中去，尤其是有较多同学参与的课外活动中。

有一天，一位同学在校园内看到一株白色的幼苗，于是过来问老师：这株幼苗怎么是白色的呢？因为我不想简单地给他们一个结论，同时，我也想激励他们主动地去进行探究。于是，我对他们说："这个问题我也不是十分清楚，你们不妨在课外进行研究一下。"

后来，同学们每天都到那儿去拍照、观察，不久，他们发现这株幼苗死了。于是，他们就把这个情况告诉我，并与我一起讨论。我帮助他们排除了人为干扰、土壤污染等因素后，有同学指出，幼苗应该是缺乏营养而死。植物靠叶绿体制造有机物，而幼苗呈白色，显然它没有叶绿体。所以，它应该是一株白化苗。

你看，一个"连老师也不清楚的问题"，他们通过探究找到了答案！同学们都十分高兴。这件事也极大地刺激了同学们自主探究的欲望，后来，我发现同学们遇到许多问题时都会积极地探究，并通过各种途径自己寻找答案。

今年长沙市初中生物毕业会考的最后一题是这样的："某班同学在12月中旬用活蚯蚓观察外部形态结构，同时观察在粗糙纸上及玻璃板上的运动，实验后放回土壤中，但第二天却发现这些蚯蚓均死在土壤表面。蚯蚓的死因是什么？请针对你的假设，写出你简要的研究思路：＿＿＿＿＿＿＿＿＿＿。"

在阅卷中，我们见到了许多不同的答案。回到学校后，我问了几位我的学生，而他们的回答也各不相同：

有的说："我会向实验者了解实验的过程，并对死去的蚯蚓进行仔细检查，了解蚯蚓的死因。"

——这种探究方法属于调查法；

有的说：蚯蚓的死可能与放归的土壤或者当时的气温有关。我会去查阅资料，了解蚯蚓对土壤、气温等环境条件的要求，同时，我会分别采集挖蚯蚓和放蚯蚓两地的土壤样品，并送到有关部门去检测，分析蚯蚓的死因。

——这种探究方法属于收集和分析资料法；

有的说：蚯蚓的死可能与实验时间过长、实验中没有用水湿润蚯蚓体表，导致蚯蚓无法呼吸而死的；我会用两组蚯蚓重复这个实验过程，并进行湿润其体表的对照；看结果怎样。

——这种探究方法属于实验法，通过亲自实验来寻找答案，了解事实的

真相。

从这里我们可以看到，同学们的思维是十分活跃的，他们使用了不同的探究方法，而且每一种方法都是可行且合理的。

随后的考试结果很有说服力：本题是这套会考试卷中学生失分最高的一道题，但我的学生此题基本没有失分。我任教的5个班的平均分为92分，比市平均80分多了整整12分。我认为这与我在平常有意识地培养他们的探究兴趣和探究能力是分不开的。

学生的科学探究素质不是一下子形成的，它需要兴趣来支撑，需要教师合理的引导和不断的成功来刺激，需要多次反复的积累而提高。在教与学的任务都比较繁重的课堂中，我们很难激发学生保持足够的兴趣；限于时间，课堂探究往往没有结果，于是，学生往往很少能够体会到探究成功的喜悦，如此等等。因此，仅靠课堂教学是远远不够的。在课外组织研究性学习小组、学科兴趣小组，当学生有问题时积极地引导其自主探究，当学生获得结果或成功时给予鼓励，这些，对于学生的发展是非常重要的。

学生科学探究素质的培养，对于学生一生的发展都是非常重要的。通过探究，学生能够掌握解决问题的科学方法；通过探究，学生可以体验到发现的乐趣，能够激发学生不断求索的精神；通过探究，并战胜困难，学生能够形成不屈不挠、敢于冒险、勇于创新的科学态度。

（2006 年 8 月 12 日）

调慢生命的时钟

每个生命都有一定的寿命，生命的时钟似乎总是以固定的脚步前进着。千百年来，一些生命诞生了，另一些生命死亡了，每一个个体似乎都逃脱不了这个轮回。于是，有些人开始寻找长生不老的仙丹，想延长自己短暂的人生。在中国历史上，几乎每一个皇帝都有这种想法，但他们无一例外地失望了！

人们是否可以调慢自己生命的时钟呢？

1. 落地生根的启示

落地生根是景天科的一种多年生草本植物，在其生长发育的后期，每一片叶的边缘都会长出许多小的芽体。这些芽体会慢慢长出根，然后从母体上脱落下来。而且落下的每一个芽体都会迅速扎根于泥土中，并长成一个个新的生命。

家中的一棵落地生根慢慢长大了，肥厚的叶子边缘长出了许多芽体，特别惹人喜爱。每天，我都会在阳台上给它们浇浇水、拍拍照，细心地打理它们。过了几天，我发现落地生根的那些芽体纷纷落入周围的花盆中，并顽强地生长起来。限于场地，我把其中的3棵移到新的花盆中，其余的就任其在栽有其他植物的花盆中借居。当初，我也没有更多关注。3个多月过去了，我突然发现，移栽出来的3盆落地生根都长成大个儿了，而借居在其他花盆中的那些芽体却依然保持着幼体的状态，它们的体积、大小相差了接近100倍，年龄看上去也相差非常明显。

从生物学的角度上讲，在不利的生长环境（如缺水、肥料不足、生长空间受限等）中，植物的生长发育会受到影响，有的会死亡，有的会长得十分瘦弱，也有的则会绕过障碍物长成弯弯曲曲的形状，如此等等。但落地生根完全不是这样，它似乎生长一段时间后即停止了自己的生命时钟，任时间流逝，它总保持着青春的模样！

落地生根调慢（几乎是停止）了自己的生命时钟！

接下来，我将那些借居在其他花盆中的落地生根又移出2棵，却发现它们又重新开始了自己的生命历程，不到一个月，这2棵植物又把那些依然借居在其他花盆中的兄弟们远远地抛在了后面。而那些借居的落地生根则似乎依然在沉睡中，并继续保持着美丽的青春模样。

至此，我不得不得出这样的结论：落地生根能够灵敏地感知周围的环境条件，并在不利的生长环境中调慢自己的生命时钟！

2. 广东万年青的启示

家中有一盆广东万年青，其枝繁叶茂、四季常青、特别漂亮！

突然一天，爱人发现广东万年青中出现了一种白粉样的病菌（或者是害虫，没有详查资料！）感染，于是便用家中以前购买的农药"乐果"杀虫，却差点中毒。对此，我决定把那些染病的枝条剪下来。

当我剪下枝条后，却发现它们的茎干依然非常健康，只是叶腋和叶片上有病菌（或者是害虫）残留。于是，我把其茎干上的叶片全部除掉，并用清水进行仔细清洗、除菌。再把茎干剪切成约10 cm长的几段，插在花瓶中让其生根，看它能否进行无性繁殖。

一转眼，一年的时间过去了，万年青的茎段上都长出了根，有2节茎段上还长出了几片新叶。于是，我决定把这些茎段移栽到一个大的花盆中。下面是我在移栽前拍摄的一张照片（见下图）。

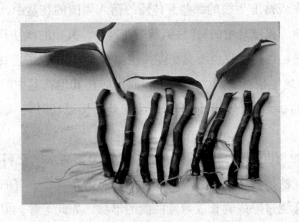

图中为同时剪截形成的9段广东万年青茎干，第2、6段长叶了，第4、5段则连根都没有长出。9段茎干的发育速度明显不同，第4、5段也明显还具备生命活力。

这些广东万年青（4、5）的时钟似乎停下来了，它们既没有生根发芽，也没有萎蔫凋谢，一年了，它们依然保持着当初的模样！

这应该不是一种简单的休眠，植物的休眠常常发生在不利的外界条件下。而这一批广东万年青的茎干是我同时剪出，并且插在同一花瓶中，如果是环境不利导致其休眠，则这9段茎干应该一起休眠才是。

看来，广东万年青也可以调慢自己的生命时钟！

3. 薄荷的启示

家中还栽种了许多盆薄荷，这些是我在野外偶遇，采其茎段回家扦插而形成的。薄荷的生命力十分顽强，没过多久，它们就在我家繁衍发展起来了。偶尔，我会摘下薄荷的几片叶泡茶喝，其清凉的滋味特别让人喜爱。

冬天到了，薄荷停止了生长，几片老叶开始枯黄，渐渐地，整个植株都萎谢不堪了。我不得不把这些薄荷搬进房子，并把其中略显丑陋的茎叶剪去，帮助它们度过寒冬。

因为要栽植其他的花木，爱人建议我废除两盆薄荷。其实，我也正有此意。顺便告诉大家，我家中栽有约40多种植物，整个阳台与客厅早以拥挤不堪。

于是，我便把薄荷花盆中的泥土倒出来，准备换上新土以移栽其他植物。泥土倒出来了，让我大吃一惊的是，泥中薄荷的根完全不是地面上茎叶的样子，它的生长极为旺盛，白色的根须盘曲在一起，形成了一个巨大的根球。从质量上讲，地下部分根的质量（洗净后）至少是地上部分（茎和叶）的100倍以上！

这说明了什么问题呢？很显然，薄荷为了安全度过寒冬并有效地繁衍后代，它停止了其地上部分的生长，加快了其地下部分（根）的生长。

看来，薄荷也可以轻松地调节自己生长发育的时钟，让某些部分停止生长，同时，让另一部分加快生长！

……

其他植物是否有同样的行为尚待观察。但仅从家中培养的3种植物中，我们都能看到植物放慢（或加快）生长速度的现象，说明这种现象在植物界应该比较普遍。我们都知道，植物的生长发育受其内部遗传因素的影响。因此，我们不难得出结论：植物的遗传物质中有控制其生长发育速度的因素（一个或多个基因），植物可以根据外界环境条件的不同来调整这些"基因"的表达！

如果我们能够找到植物的这些"基因"，并掌握了这些"基因"发挥作用的内在机理，我们就能够人为地控制植物的生长与发育速度。更进一步来说，如果我们洞悉了植物控制其生命时钟的机理，我们便可以向动物领域发展，并进一步控制动物生长发育的"时钟"。

到那时，我们想"长生不老"应该也可以实现了！

（2017 年 11 月 20 日）

课题研究

"网络标本馆的构建与理论研究"
课题研究方案

一、问题的提出

生物标本馆具有形象直观的展示功能，它可以广泛服务于教学、教研、科普、科技创新以及生物学奥林匹克竞赛等诸多方面。因此，在一些具有一定规模的中小学、大学及科研院所往往建有实物标本馆。

但传统的标本馆也有占地广、管理不易、标本的种类不全、保存的标本易老化与损坏、采集、制作与更新标本困难等诸多问题。如果我们能利用当今先进的互联网技术，把各地标本馆进行有效整合和完善，打造一个人人都能够共享的网络标本馆，只要有网络和一台电脑，人们就可以纵览大千世界的生灵和生命现象，该多好。

于是，我们提出了构建网络标本馆的设想。

二、理论依据

网络标本馆和实物标本馆的建设，主要基于以下方面的理论指导：

1. 生物学解剖与分类理论

依据生物形态、结构等方面的基本特征，我们对生物进行了分类，使标本的呈现科学、有序，从而利于读者的查询、学习与研究。

2. 达尔文的适者生存理论

在网络标本馆中，我们会强调生物适应性方面的一些典型特征，从而帮助读者理解生物的结构与功能相适应、生物与环境相适应等生物学基本理论。也有利于读者去探索与解释一些奇妙的生物现象。

3. "互联网+"技术与工程学理论

我们可以利用互联网技术，和读者及时互动与交流，使每一位读者同时又可以成为网络标本馆的建设者。毕竟，网络标本馆的建设是一个极为浩大的工程，它仅仅依靠少数人在短时间内是无法建设起来的。自然界中的生物种类既无限又多样，它需要我们大家共同努力去构建。

三、研究现状

目前，从网络上我们可以搜索出许多生物的图片及相关资料，但这些资料没有经过整合与分类。所以到目前为止，尚没有大型的面向大众的网络标本馆。

另外，对于生物的运动、捕食、繁殖等动态过程，传统的标本馆是无法展示的。而在网络标本馆上，它则可以轻松实现。

对于一些大型的生态系统以及受国家保护的珍稀生物来说，我们则无法得到相应的原材料来制作标本。但这些我们都可以通过拍摄图片等形式在网络标本馆进行展示与补充。

四、研究目标

（1）如何建设实物标本馆和展示平台。包括添置、摆放标本的类型和数量；如何选择有代表性的动植物标本等。

（2）如何构建网络标本馆。包括网络标本馆的材料来源、栏目设置、查询方式、互动与管理等方面的技术路径；网络标本馆与传统标本馆的联系；网络标本馆的更新与维护等。

（3）如何整合现有的网络资源、标本馆资源及其他图片资料。

五、研究内容

1. 本课题研究的基本内容

（1）网络标本馆应该具有哪些特色？它如何与传统标本馆相联系，如何对传统标本馆进行有效补充。

（2）网络标本馆如何进行栏目、类型等方面的智能设置，以方便读者的访问与使用。

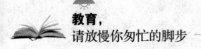

（3）网络标本馆如何进行在线管理和更新。

（4）网络标本馆与读者的互动和交流。

2. 本课题研究的重点

本课题研究的重点主要有两个方面：

（1）如何建设网络标本馆。

（2）如何将标本馆资源、网络资源及其他资源有效整合。

3. 本课题研究的难点

本课题研究的难点主要有三个方面：

（1）大自然中的动、植物种类十分丰富，要建成有一定特色、相对完备的网络标本馆，其工作量将是十分浩大、繁重的，所以出现疏漏、错误在所难免。

（2）网络标本馆的建设需要网络建设与管理、维护等方面的专业知识。

（3）网络资源的收集与整合需要较多的经费支持。

当然，这些难点都是可以克服的！课题的负责人王先华老师已经做了大量的前期研究工作，在后期的工作中，我们也会发动一部分有兴趣的教师和学生参与到本课题的研究中来。这是一项有意义的工作，我们相信，我们一定会做得比预料中的更完美！

六、研究方法

1. 资源整合法

（1）我们可以和国内一些有代表性的大型标本馆联系，把其中的标本拍摄成清晰的照片。

（2）我们可以从网络上获取一些生物学方面的公共资源。

（3）我们可以动员广大的生物学教师和爱好者，到野外拍摄生物及生命现象、生态系统等方面的照片。

2. 文献研究法

我们把收集的资料进行合理的分类，并参照一些生物分类、生物多样性与适应性方面的文献资料，确定一定的分类标准来构建网络标本馆，从而利于读者从多个角度进行查询和搜索。

对于一些暂时没有的图片资料，我们需要从现有文献中复印或借用一部分。

七、研究步骤

本课题的研究周期为7年，研究步骤如下：

1. 准备阶段（2015年9月——2016年9月）

（1）查词、了解本课题在当前的研究情况。

（2）确定和申报研究课题，制订研究方案，成立研究小组。

（3）和部分科研院所联系，拍摄标本馆中标本的照片。

（4）针对性拍摄野外动植物、生态系统、生命现象等方面的照片。

2. 建设与实施阶段（2016年9月——2019年9月）

（1）建设实物标本馆与展示平台。

（2）建设网络标本馆平台，把收集的各种资料上传到网络标本馆中。

（3）动员更多的人参与到网络标本馆的建设中来。

（4）开展网络标本馆建设的研讨与意见征集工作。

（5）初步建成"长沙市一中雨花新华都学校网络标本馆"。

3. 拓展与完善阶段（2019年9月——2022年9月）

（1）收集、整理课题研究资料，形成结题报告。

（2）出版相应的书籍、著作。

（3）进一步丰富和完善该网络标本馆，使其面向社会开放使用。

八、预期研究成果

（1）建设一个实体生物标本馆（兼大型展示平台）。

（2）搭建平台，建设一个初具规模的网络标本馆。

（3）论文、专著、研究报告。

九、研究力量的管理与研究基本条件的保证

1. 基本条件

（1）我们以长沙市一中雨花新华都学校为依托，在学校教科室的领导下，以王先华生物名师工作室成员为基础，成立课题研究小组。并聘请省内外部分知名专家组成课题顾问与专家团队，负责课题的指导和具体实施。

（2）学校、市教科所、区教科中心提供一定的经费支持。

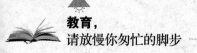

（3）课题主持人王先华前期进行了大量的准备工作，并且有主持省级"十二五"规划课题的经验。

（4）工作室全体成员有广泛的热情和干劲。

（5）寻求部分科研院所的支持。

2. 本课题的组织建设

（1）顾问、专家组。

刘恩山：北京师范大学教授，国家基础教育课程教材专家工作委员会委员。

张锡亭：湖南科技大学教授，植物分类学专家。

孔春生：长沙市教育科学研究所副所长，湖南省中学生物学竞赛委员会委员。

（2）课题研究小组。

组长：王先华。

组员：夏沛玲、温春梅、高涛、戴敏、梁忠、方婷、叶光初等。

3. 本课题的经费来源与管理

（1）省、市、区下拨的课题经费，由学校管理，专款专用。

（2）课题经费的使用由课题主持人提出计划，具体活动支出由学校财务室审核、报销。

（3）课题研究经费的不足部分由学校承担。

4. 物质条件

（1）学校提供硬件方面的支持，并对课题的实施进行领导和监督。

（2）学校教科室指导与全力支持。

（本课题被立项为"长沙市十三五教育科学规划课题"。2015 年 12 月）

"校园植物与文化"校本课程的
开发与实施研究

（课题结题报告，课题批号：XJK014BZXX022）

一、课题的提出

当前很多学校都非常重视校园的绿化、美化，但关于"校园植物的文化内涵"方面的研究却很肤浅，甚至没有涉及。笔者以"校园"和"植物文化"为关键词在中国基础教育期刊全文数据库（完全版）（2002—2014）和中国基础教育优秀博硕士学位论文全文数据库（2002—2014）中进行了精确检索，也没能找到一篇相关论文。

系统地研究"植物文化"的书籍不多，把植物文化与校园结合起来进行研究的也几乎没有。关于植物文化的研究一般散见于园林文化研究之中。譬如在曹林娣著的《中国园林文化》一书中，重点对园林植物中的文化因子进行了研究，揭示了"人化"自然中自然美的特征以及园林植物的"人化"特征、植物配置的文化心理等。

从百度搜索来看，在学校层面开展课程建设的，只有江苏省靖江市新港城初级中学，他们编辑了《校园植物文化》讲义。其内容由植物文化简介、校园植物和校园植物文化三章构成，重点介绍了植物属性和分类、植物的寓意、校园草本、木本植物介绍以及校园植物文化的美学价值、精神教育价值、课程教学价值等。

在中学校园中，选择栽种哪些植物更适合，更具有文化内涵和教育意义？这些植物该如何分布、如何搭配、如何造型？它们具有哪些象征意义？诸如此类的问题，我们认为都是值得认真研究的问题。学校本来就是文化传承的主要场所，对校园植物深入开展研究，充分发掘大自然中各种植物的文化内涵，这对丰富校园文化、提升校园文化品位无疑具有十分重要的意义。

长沙市第一中学是一所办学历史悠久、文化底蕴深厚、自然风光宜人的优

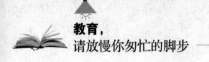

秀学校。根据新课程关于充分发掘学校及其周边丰富课程资源的总要求，学校决定充分利用校园现有的丰富的植物资源，充分发掘其文化性、教育性，展开"校园植物"与"文化"的研究，并开设一门《校园植物文化》的校本课程。

二、课题界定及研究综述

一般地，我们认为"植物文化"应该包括植物的生物学特征、植物的美学内涵和植物的文化承载等三个方面的内容。本课题将重点对植物的生物学特征和植物的文化承载展开研究，关于植物的美学内涵，本课题主要采用直接呈现的方式，通过一些精心拍摄的照片，把植物外在的美展现在读者面前，让读者去直观感受和用心领悟。

狭义地讲，植物文化主要是指植物的"文化承载"。它是人们在长期的生产劳动与生活中形成的与植物相关联的习俗或人为地给予植物人格化的含义等。植物的文化承载是人们在栽培和利用植物的漫长历史实践中所获得的，它具有社会属性，是作为社会成员的人所创造的，它被人们所共享、传播和继承，并在一定社会群体内得到认同。

通常，人们所讲的"植物文化"主要是指狭义的植物文化，它能满足人们或物质或精神的需求，或二者兼有。物质层面文化，指的是与其食用价值和药用价值等相关联的文化；精神层面文化，是指透过植物这一载体，反映出的传统价值观念、哲学意识、审美情趣、文化心态等。

本课题所研究的"植物文化"是指广义的层面，它包括前述三个方面的内容，也涵盖了后者。

另外，由于植物种类的丰富性和地域、研究条件等方面的局限性，本课题研究的植物要满足以下三个方面的条件：

（1）在长沙市一中校园或附近环境中出现的植物。

（2）老师平常在外地拍摄到的可供学生观察的典型植物（照片），用于拓展学生的视野，体现生物的多样性。

（3）在我国古代诗词中出现频率高、象征意义丰富的植物。本课题主要研究唐、五代、北宋、南宋时期的优秀诗词，以及少量涉及其他体裁或其他时期的作品。

初步确定了本课题的研究方向后，我们从以下几个方面开始进行课题的研究：

（1）成立本课题的研究团队，包括专家顾问组、课题领导小组、课题研究小组（见前页）。具体落实课题的申报、立项、研究计划、经费管理等事项。

（2）邀请省市专家来校指导立项工作。2015年4月，我校由教育科学研究室牵头，分别邀请了省教科院规划办的李小球主任、董忡文教研员；长沙市教科所的孔春生副所长；湖南师大附中的汪训贤组长、雨花区教科中心的段卫斌老师等专家。在各位专家的指导下，我们进一步明确了研究方向：深入挖掘校园内典型植物的文化内涵，形成一本关于"植物与文化"方面的校本教材，并对研究计划进行了合理的调整。

（3）进行课题研究具体事项的分工：以王先华老师牵头，带领课题组5位成员对长沙市一中校园内的各种植物进行统计、拍摄、分类与鉴定。初步筛选出一些具有典型的、对校园环境起关键作用的、学生比较喜爱和关注的一些品种。然后进行分类、整理。

以廖晨星副主任牵头，通过阅读文学经典、网络查询等途径，收集相关植物的文化信息，并进行归纳与整理。

（4）进行课题中期研讨。由于校园内植物种类的丰富多样，我们不可能泛泛而谈，因此，在编写《校园植物与文化》校本教材之前，我们需要确定本书的主旨、内容及其作用。还有，如何对这些植物进行合理地分类，从而以最佳的方式呈现在读者（广大中学生）的眼前，并对读者产生积极的影响。

对此，湖南省兰花协会的杨宏主席给我们提出了强调"文化"的好建议；北京师范大学的刘恩山教授对我们的工作也给予了充分的肯定和指导。

最后，我们确定了由表及里、由浅入深的写作思路。我们从最吸引人们的"花"开始，然后再是叶、果，并一步步深入到植物的禀性、植物的品格。由此，本书的框架基本确立。

（5）建立微信公众号，通过微信平台和广大生物学教师、园艺工作者进行交流与沟通，逐步扩大自己的视野。在学校、家庭，开展植物的培植与观赏活动，了解不同植物的生活习性，寻找植物的育人内涵。我们还可以和广大植物种植者交流，了解关于植物的食用、药用、毒性等方面的内容，了解关于植物的一些文化信息。博览群书，从各种典籍中去发掘植物的文化承载。

（6）完成《校园植物与文化》一书的初稿。本书由课题主持人王先华、廖

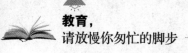

晨星牵头编写，前前后后历时约3年。成书后，我们又邀请了省市生物学科、语文学科的一些专家和老师来校研读本书，对书中的细节与内容进行把关，并征询了许多合理的建议。随后，我们进一步进行了对书的调整、增删和完善。

（7）和中国地图出版社联系，申报选题，申请书号然后正式出版。中国地图出版社非常肯定我们的工作，很快进行了立项。在出版社吴磊编辑的六校六改之后，我们的《校园植物与文化》校本教材终于定稿，并呈现在您面前了。

（8）期间，我们还写了多篇论文（见附录），就我们课题研究中的一些想法、发现、问题，提出来和广大学者们进行交流。

（9）申请课题的结题与验收。

三、研究目的

本课题主要围绕以下几个方面来做：

（1）尝试对校园植物进行"分类"，对校园植物进行分块呈现，突出校园中典型植物在学校文化建设中的"作用"。

（2）对筛选出的典型植物，逐一介绍其名称、分类、基本生物学特征、用途等，引导学生认识并了解校园中的典型植物。

（3）探究校园典型植物的文化内涵。着眼于中华文化长河，重点探究唐宋诗词中人们赋予该植物的特殊文化内涵。

（4）尝试将植物的生物学特征、植物的美学内涵和植物的文化承载等三个方面的内容进行整合，形成适合学生进行课堂或课外学习的校本教材，并以文本形式呈现。

预期的研究成果主要是《校园植物与文化》校本教材。通过校本课程的学习，把学生引入大自然、引入文学经典，唤醒同学们对美、对大自然、对中华传统文化的热爱与追求。

四、研究方法与过程

本课题主要以经验总结法和文献研究法为主。一要对校园现有的植物进行较科学而系统的观察、比较与总结，寻找植物的共性与个性；二要重点参考各种"唐宋诗词研究""唐宋诗词解读或欣赏"等一类的专业书籍，对涉及校园植物的作品进行较系统的梳理，重点分析不同语言环境中植物的象征意义或内涵，以及它对民族文化、民族心理的影响，挖掘植物的文化内涵。

此外，我们还运用了资料收集法、网络查询法等方法手段。

整个课题的研究主要分为四个阶段：

（1）第一阶段：拍摄与记录校园内各种植物，对它们进行分类、鉴定和资料查询整理，并确定入编的植物种类。

（2）第二阶段：查找植物背后的文化因素。通过对多种文学经典（如《诗经》《唐诗三百首》《全宋词》《红楼梦》等）的研读，寻找文学作品中出现的这些植物的内涵。通过网络搜索，了解人们对一些植物的认识和解读。

（3）第三阶段：编写、开发《校园植物与文化》一书。此工作最为艰辛，在确定好编写主旨和内容的前提下，作者前前后后至少有10多次的修改和完善。到最后成书时，几乎完全看不到最初的影子了。在编写形成初稿后，我们又广泛听取了许多专家学者的意见，几易其稿，最后才成为今天的样子。

（4）第四阶段：在长沙市一中等学校内开设本校本课程，收集教师和学生在学习、使用该教材过程中的意见，进一步完善该校本教材。其相关内容在《校园植物与文化》一书的末尾，我们设置了"学习调查表"和课题主持人的联系方式。

五、研究的主要成果

该课题研究的成果有以下四个方面：

1.《校园植物与文化》校本教材正式出版

该教材将首先在长沙市一中高一年级开始使用，随后进一步推广开来。学校开设校园植物文化课程，既能丰富同学们的植物学知识，又能通过在校园内选种一些象征奋发向上、坚忍不拔的植物，引导学生去感知、去学习，激发他们形成热爱祖国、热爱自然、热爱生命、努力学习、奋发向上的优良品德。

自然界中的植物，不仅具有观赏价值，它还能为我们提供粮食、水果、氧气，帮助我们调节气候、改善环境、消除污染、净化空气、防风固沙。而植物对人类却几乎没有要求，这是一种多么崇高的精神品质。植物的这种精神难道不值得我们学习吗？

虽然植物的一生都在奉献，但依然有许多因素在威胁着植物的生存。为此，植物进化出一系列适应环境的特征：毒素、尖刺、藤蔓。在艰难困苦的

环境中不懈努力、奋力抗争、顽强生存。植物的这些品质难道不值得我们学习吗？

只有当我们真正地认识植物、了解植物，我们才会去关注植物、保护植物，从而实现人与自然的和谐发展。

本书的第一个作用就是带你去认识、了解植物，然后让你喜欢上植物，再学习植物的一系列优良品质。

本书的第二个作用就是从文化的角度，展示了植物与人类千丝万缕的联系，让你在更深的层次上认识植物，了解大自然、了解人类文明和人类的历史。

2. 校本课程的开发

校本课程是对国家课程的合理补充和延伸。通过校本课程的开发，能够更好地提高和培养学生多方面的素质，也能够提升学校的办学、育人特色。

每一所学校都有许多校园植物，因为地域、气候、土壤等方面的差异，植物的种类往往不同。这就为不同的学校提供了一个相同的研究课题：本校本地区植物与文化的研究。通过研究它，来加强学校的校本课程开发，充分发挥其本地特色植物的教育功能，进一步加强学校的文化建设，进而提升学校的文化品位。

3. 论文发表与公众号开发

首先，课题组成员廖德泉校长关于本课题的研究论文《美化育人环境内蕴成长精神——谈长沙市第一中学环境文化特色》一文在湖南省教育厅主管、湖南教育报刊社主办的《湖南教育》2017年10月第962期上发表。课题主持人王先华老师的研究论文《古诗词入题》一文在《核心素养报》（2017年12月）上发表。

其次，借助王先华中学生物工作室及各成员的支持，我们开发了公众号《王先华名师工作室》（微信号：pest152）。利用这个平台，我们组织了广大中学生物教师开展关于"植物与文化"方面的研究。截至2017年7月，我们在公众号中共发表了约80篇文章（见附录）。通过公众号，来引领课题研究的深入开展。

4. 从思想上去引领

通过该课题的研究，作者更加深入地认识了身边的植物。于是，就产生了引领大家一道前进的思想。

我们的引领主要有两个方面：

（1）更多地去关注大自然、关注身边的植物。因为植物与我们生活的环境、衣食住行等方面息息相关。我们没有办法离开植物而生存发展。所以，我们不应该对周围的植物熟视无睹了。

（2）加强对历代文学经典的阅读，从而更好地认识与了解植物，进而喜欢上植物、保护植物。只有这样，我们生活的环境才会天更蓝、水更清。我们才能不忘传统，才会走向辉煌。

六、所产生的社会影响及下一阶段的打算

1. 所产生的社会影响

（1）在长沙市一中教育集团内部的影响。

长沙市一中是一座蜚声中外的百年名校，其校园环境优美，植物种类特别丰富。自从课题组成立并开展工作以来，许许多多课题组外的老师、学生都纷纷加入到了校园植物的拍摄行列中，他们在学校内形成了拍摄校园植物、关注校园植物的热潮。尤其是《校园植物与文化》一书出版后，许多同学纷纷开始对照书本去寻找、认识各种植物。

2014年6月，在长沙市一中建校百年前夕，有部分从一中毕业的学生向作者发来短信，要求借用书中美丽的植物图片来制作成纪念册、宣传画册等，以此向母校的生日献礼！

2016年8月，长沙市一中办公室、学生工作处、团委联合，在学校的微信公众号上推出了一集学校的宣传图册，就引用了我们拍摄的滴翠廊、玉兰等2幅照片。

从2014年到2017年，我校就先后有田添、吴郁芳、傅彤等老师在参加全国教学竞赛时，在其制作的PPT中使用本书中的图片。

2017年6月，这届即将毕业的学生先后打电话给作者，希望引用书中的照片制作毕业纪念册，从而留下一份永久的回忆。

还有，在长沙市一中标本馆入门处最醒目的墙壁上，就挂有本课题主持人王先华老师所拍摄的5幅植物照片，以此来接待着成千上万来一中标本馆参观的人们。

（2）在湖南省生物学界的影响。

长沙市教育科学研究院的孔春生副院长，曾经两次在全省的中学生物骨干教师培训会上，大力推荐了我们所进行的课题，并把我们当时印制的初稿给大

家参观。在孔副院长的推荐下，有更多的人了解了我们所从事的课题研究，更多的人开始去关注大自然、关注身边的植物。并有许多同行时时与我们交流关于植物的话题，如湘乡的周惠梅老师、郴州的刘中东老师等。

2015年，益阳市教育局邀请我去给益阳市全体生物教师作关于植物与文化、生物教师的理想与事业等方面的讲座。

2015年，雨花区成立了王先华中学生物名师工作室，我引领全区所有学校积极开展起校园植物培育、生物园建设、多肉植物栽培等多种相关活动。

2017年9月7日，在市教科院作专题报告。

2017年11月，国培介绍。

2017年12月，雅境讲座。

（3）在全国范围的影响。

本课题主持人加入了全国生物教师群和生物科学教育公众平台，在平台上，我们时常会上传一些我们拍摄的精美植物图片，并把工作室的一些微信文章推荐给大家共享，一段时间以来，先后有云南的蒙庚阳老师、海南的余裕老师、新疆的王玉英以及河北、重庆、湖北等多地的许多老师与我们沟通和联系。相信随着我们工作的不断深入，我们的影响也将会不断扩大。

此外，在生物学界之外，通过同学与朋友的传播，我们的朋友圈也在逐步扩大，他们对植物的热度也不断加强。

2. 下一阶段的打算

2016年，我们申报了长沙市教育科学"十三五"规划课题《中学生物网络标本馆的构建与理论研究》，该课题在2016年10月成功立项。这同样是一个关于植物的研究课题。我们希望把"植物与文化"这一块放在我们未来构建的"中学生物网络标本馆"中。同时，借助这一课题的研究，我们会把关于"植物与文化"的研究进一步深入下去。

另一方面，我们准备招募一批志同道合者，在更大范围、更加广阔的地域里开展"植物与文化"方面的研究，而不仅仅只局限于校园内。自然界中的植物种类是如此丰富多样，仅凭我们一己之力是无法完成的。我们希望越来越多的"植物爱好者"能够加入到我们的行列，和我们一起并肩前行。

（本课题为：湖南省教育科研"十二五"规划 2014 年度一般资助课题，2017 年顺利结题，被评为"省级良好"课题。课题主持人：王先华）

科技创新

"剖腹产现象" 与中华鲟保护

中华鲟是白垩纪残留下来的孑遗种类，距今已有一亿四千万年的历史，是地球上最古老的脊椎动物，有"水中大熊猫"之称。长江葛洲坝截流后，中华鲟的生殖洄游受阻因而数量锐减成为国际濒危物种。为此，1982年，党中央、国务院采纳鱼类专家的建议，指定国家有关部门审批成立了救护中华鲟的专业机构——葛洲坝中华鲟研究所。自1984年成功实现人工繁殖中华鲟以来，该所已累计向长江投入各种中华鲟的幼鲟444万尾。然而，中华鲟的数量依旧在一天一天地减少。对此，作者认为，纠正一些认识上的误区（即剖腹产现象）是中华鲟以及其他野生动物保护的关键。

1. 剖腹产现象

剖腹产是人类发明的辅助生产的方法：它用手术的方式剖开母体腹腔，并从母体子宫内取出婴儿。和自然分娩相比，剖腹产缩短了婴儿从母体产出的时间，因而提高了婴儿的成活率。同时，麻醉药的使用也大大减轻了母亲分娩时的痛苦。无疑，剖腹产有它的一些优势。那么，剖腹产是否值得大力提倡并推广呢？

回答是否定的！

（1）首先，剖腹产割裂了母子间最亲密的"对话"。在药物的作用下，母亲被麻醉了，没有了那种撕心裂肺的痛苦，这对加深母子间的感情是不利的。谁都知道，历经艰辛得来的果实比唾手可得的果实要香甜得多。同样，分娩的痛苦将会在母亲的一生中被深深铭记，并成为母亲的骄傲，从而使她更加深爱她的孩子，更加悉心地照料自己的孩子。无疑，这样也有利于孩子的健康成长。如果生育是完全无痛而轻松的，那么，母亲生孩子将会成为一种很随便的

事，母亲将不会看重自己的果实——孩子。

（2）其次，医学上早已证实，在婴儿从母体缓慢降生的过程中，他/她能得到母亲为他/她制造的多种免疫球蛋白。然而，这是剖腹产过程中所没有的，显然，这些免疫球蛋白对婴儿的健康长大非常重要！

（3）再次，剖腹产虽然在最初减轻了母亲分娩的痛苦，但它在母体腹部形成了一个创口。自然分娩的母亲经过短时间的休整即可照顾自己的孩子，而剖腹产后的母亲则必须在医护人员或家人的精心照料下，经历长达一个月的调理恢复。而恰恰是这一个月，对孩子来说是弥足珍贵的。孩子离开母体来到人世间，他/她无疑是十分脆弱的，他/她需要与他/她血肉相连的母亲跟他/她亲密接触。而剖腹产导致母亲身体的创伤恰恰阻碍或减少了这种联系，无疑，它对婴儿的成长是不利的。

（4）最后，从自然选择的角度看，分娩实质上是对健康胎儿的一种选择。优胜劣汰是大自然最基本的规则。而剖腹产则生硬地否定了这种选择。显然，它并不利于人类的进化与发展。

由此可见，表面上可行的剖腹产实际上有着诸多的缺点。

在这里，我们把摒弃自然过程而采取一些人工替代措施的现象，称之为"剖腹产现象"。

2. 几个例子

去年春天，邻居家的大哥花70元钱从孵鸡场买回100只小鸡，可一个月不到，这100只小鸡都先后夭亡了。大哥很气愤，就此事去质疑孵鸡场的工人，工人们都说：小鸡的死是由于大哥照料不当引起的。果真如此吗？试想，鸡从演化之初到发展至今，历经几千万年依然生殖繁衍，在这漫长的进化史中，难道小鸡都有人在进行专业照料吗？

其实，问题就出在人工孵化、缺乏亲子的关系上。也就是说，剥夺了自然的过程是小鸡夭亡的关键因素。

人工孵化的过程实际上就是一种"剖腹产现象"。

这种现象随处可见：

为了保护一些珍稀的濒临灭绝的野生动物，人们把它们送入动物园，人工圈养起来。其结果呢？野生动物失去了野性，老虎与绵羊成了搭档。这还仅仅是表面现象，如果将这些动物放归自然，它们中的绝大多数将马上死亡。80年代中期以来，中国野生动物繁殖中心扬子鳄人工繁殖取得了巨大成功，现在已突破8000只大关。繁殖中心曾数次将69只人工鳄先后放养到皖南地区的自然保护点，但后来这些人工鳄大多不见了踪影，因为它们没有生成野外种群，有几只还因捕不到食物而饿死在稻田里。专家们认为放养失败的原因是栖息地小，外围无大片湿地，水生动物少，而放养的人工鳄捕食能力又弱；同时，放养鳄野外不能进行繁殖，大概与没有良好的灌木丛可供垒巢产卵有关。到90年代末，放养便中止了。

可见，人们把一些珍稀动物圈入动物园中，这也是一种"剖腹产现象"。

人们常说，温室里的花朵经不得风雨。这实际上也是从另一个角度说明了"剖腹产现象"的弊端。

最生动的例子莫过于对大熊猫的保护。大熊猫被称之为"国宝"，其地位之尊荣无人能及。可是，如此尊荣的地位，却并没有使大熊猫的家族兴旺发达起来，恰恰相反，大熊猫的数量正一天天地减少，目前已不足1000只。

这种"剖腹产现象"导致的后果可以与动物保护中的"阿里效应"相互印证。半个世纪前，美国生物学家沃德·阿利在研究低种群密度给物种的影响时，就提出了"阿里效应"。他指出，一旦物种的数量低到一定的程度（临界值），这个物种自身便很难进行成功的繁殖，从而导致该物种的衰退乃至灭绝。

不能及时地掌握野生动物的数量衰减情况，而在物种处于临界值时，把它们捕捞起来进行研究或进行人工圈养，这都属于"剖腹产现象"。这种做法不仅无助于动物种群的恢复，恰恰相反，它还会给动物带来灭顶之灾。

3. 当前中华鲟保护中的"剖腹产现象"

我关注中华鲟的保护是从一则报道开始。2003年10月17日，我在网上看到一篇《中华鲟客死白沙洲，国宝殒命谁之过》的文章。本来，中华鲟的死亡应该是无须大惊小怪的，就好像茫茫人海中有一人老去，或者是浩瀚星宇里有一颗流星消失。更何况中华鲟历经恐龙时代而至今，在地球上生存了一亿四千万年呢！当手头积累的资料不断增加，我才知道：中华鲟的存亡已到了危急关头！特别是有些部门提出的保护中华鲟的措施，看似正确而实际上相当危险，我把它们一并称之为"剖腹产现象"。我想，如果不及时地指出这些错误，中华鲟可能会很快走向绝灭：

（1）大规模捕捞中华鲟进行研究的工作应立即停止。

据2003年10月11日的新华网消息：10月9日，两头重达300多公斤的野生中华鲟在葛洲坝下游被捕捞起来。（两头中华鲟均为25岁左右的雌鱼。）目前，正是野生中华鲟洄游产卵季节。为保证野生中华鲟的种群数量，提高野生中华鲟孵卵和母体的成活率，中国水产研究院长江水产研究所派出科考一号船组织了这次捕捞行动。据介绍，今年计划捕捞野生中华鲟28头……

稍加分析便不难看出，上述做法是一种地地道道的"剖腹产现象"。试想：在中华鲟数量锐减的关键时刻，在生殖洄游季节里，捕捞28头中华鲟用于研究，这种行为预示着什么？我们都知道，28头中华鲟实际上代表着28个家庭，每头中华鲟的怀卵量为30.6～130.3万粒，28个家庭实际上就担负着孵育900～3 900万只仔鲟的重任啊！况且，正值野生中华鲟洄游产卵季节，捕捞工作将会给中华鲟带来多大影响！试问，这种做法如何保证野生中华鲟的种群数量？还有，这减少了的28只中华鲟，将会进一步影响该水域中幸存下来的中华鲟的繁殖。（根据"阿里效应"，譬如像火烈鸟和企鹅等，这些动物在身边没有成双成对的同类时，就不会进入生育状态。这是因为与别的父母同步进行生育，它们的后代在成长的最脆弱时期就有更大的生存概率：如果同时有许多幼仔供捕食者挑选，某一幼仔被挑选的概率就会很小。这种要求生育期一致的生存原则对于物种数量稀少的生物来说意义尤为重要。）当中华鲟种群数量锐减时，捕捞一只野生中华鲟可就少了一只。更何况，这种行为有可能使余下的中华鲟停止繁殖。

由此可见，捕捞28头中华鲟进行研究的行为本身是令人质疑的。更何况，野生状态与驯养状态的中华鲟是有着根本区别的。真正的研究应在中华鲟的野生状态下跟踪进行，虽然这样做会很困难。

（2）依赖人工繁育并不能从根本上解决中华鲟种群衰退的现象。

谈到中华鲟的保护，大多数人都会想到人工繁殖，包括许多专家都有类似的提法。实际上，依赖人工繁育并不能从根本上解决中华鲟种群衰退的问题。据报道，除葛洲坝中华鲟研究所外，在三水、顺德等地也都成功实现了中华鲟的人工繁殖。从1984年至今，葛洲坝中华鲟研究所已累计向长江投入各种中华鲟的幼鲟444万尾，放流大规格的胭脂鱼种6 500尾。然而，事实就是这样残酷：1981年前，中华鲟的年捕获量波动在500～600尾之间；1994年以来，在中华鲟的产卵繁殖期间（10月～11月）及相同的捕捞强度下，在葛洲坝下江段出现了连续15～20天捕捉不到中华鲟的现象；而在荆州的石首、郝穴及龙舟江段竟然出现了2个月捕不到5尾中华鲟的情况。

由此，作者认为中华鲟的人工繁殖至少有以下局限：①人工繁育的后代，其存活率与生活能力远远低于自然繁育的后代；②中华鲟幼苗放流的规模与规格过小，幼鲟存活的机会很小。③人工繁育的中华鲟幼苗没有经历适宜生态环境的锻炼，甚至有种质退化现象。

更何况，人工繁育并不是人造仔鲟，它依然依赖于捕捞野生中华鲟作为代价。可见，依赖人工繁育并不能从根本上解决中华鲟种群衰退的问题。

4. 如何进行中华鲟的保护

长江葛洲坝与三峡截流，阻断了中华鲟的生殖洄游，这无疑是导致中华鲟种群衰退的根本原因。因此，保护中华鲟也应从这里入手。作者认为，当前应做的工作主要有以下几个方面：

（1）纠正中华鲟保护中的一些错误认知，切实有效地开展保护中华鲟的工作。

（2）加强中华鲟的洄游监测，在中华鲟生殖洄游期间，采取一定的人工措施帮助母鲟跨越两坝的障碍。要知道，中华鲟洄游产卵地的选择，是中华鲟种群进化过程中适应环境的结果。这个产卵地的各种生态条件最有利于该种群的繁殖与发展。很显然，帮助中华鲟回到其原始的产卵地，这种做法对于中华鲟种群的恢复无疑是最有效的。

（3）帮助中华鲟营造或拓展坝下新的生殖洄游场所，这个工作无疑是十分艰巨而有意义的。在营造新的生殖洄游场所时，我们应充分考虑中华鲟的生殖习性和当地的水文、地理条件。因为一旦新的生殖洄游场建立，对中华鲟的持续发展将意义重大。

研究性学习

岳阳楼楹联与历代文化名人足迹探寻

2001年秋，我校开始在高一、高二年级试设"研究性学习"课程。为此，学校建立了研究性学习课程教研组，由我和几位老师一起负责学生的指导工作。下面是我所指导的一个课题组从选题直到完成的基本过程，实录如下：

一、研究课题的提出，论证与确定

学生在教师的引导下，提出自己感兴趣的问题。

开学之初，我在课堂上向学生们介绍了研究性学习的基本特点，对课题的选择、研究的实施等方面作了重点的辅导。基于此，学生也从我校的地理位置入手，提出了"我与岳阳"的大课题。

其中有几位同学提出了如下课题，并写出了他们的设想与可行性分析。

课题：①岳阳楼的历代文化名人研究。②历代文化名人与岳阳楼旅游。③岳阳楼人文资源的开发。

设想：岳阳楼乃江南三大名楼之一。我们生长在岳阳，理应对岳阳楼的历史变迁、历代文人墨客在岳阳楼上的足迹十分清楚。而研究它，则有助于我们了解岳阳楼的人文资源，有助于岳阳的旅游开发。

二、可行性分析

从岳阳楼的建筑、碑刻、楹联、诗文、传说等各方面入手，不难发现历代文人墨客在岳阳楼的足迹，参考有关资料，也不难得出结论。

师生研讨、论证、确定研究方向。

对于学生的课题与设想，我与同学们进行了认真的探讨。在对他们进行充分肯定的同时，我提出了如下建议：

（1）关注岳阳楼与人文资源的开发，立意很好。

（2）要查证一下是否有人对此作了详尽的研究与论述，不要简单重复别人的工作，要有创新精神与独特视角。

（3）要充分考虑实施过程中可能遇到的困难。必要时，可以向老师、学校等求助。

（4）岳阳楼的碑刻、撰文、楹联、传说等过于庞杂，建议从其中一个方面入手，再参考其他方面，这样有利于研究的开展。

（5）把最终目标具体化：简单地说就是你想干什么，要达到一个什么样的最终目标。

学生对课题与目标进行调整。

根据教师的指导，学生们一起进行了认真的讨论，最后，他们制订了如下目标，望学校给予帮助。

三、活动计划

第1～4周：提出课题，确定研究方向。

第5周：建立课题组，制订研究计划。

第6周：参观岳阳楼，抄写楹联，了解岳阳楼历史。

第7～10周：分头查阅资料，确定楹联作者的年代、历史背景、到岳阳楼的时间、与岳阳楼的联系等。

第11周：邀请岳阳师院有关专家教授来校讲座，解答某些疑问。

第12～13周：整理笔记与资料，完成"年代表"。

第14周：根据年代表，提出岳阳楼开发等方面的建议。

第15周：送教师审阅。

第16周：教师评价。

第17周：向班级与学校汇报成果。

第18周：总结本学期的研究工作，撰写个人体会。

四、成果形式

（1）完成历代名人与岳阳楼的"年代表"。

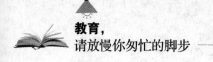
（2）提出关于岳阳城市文化建设与旅游开发的若干建议。

五、实施研究课题

当课题组根据自己的研究目的制订好详细的实施方案后，接着就进入研究的实施阶段了。这一过程是学生实施研究方案，并获得学习与进步的重要阶段，教师对此要作宏观上的把握与指导。下面是该课题组展开课题的主要过程，根据《课题组日志》实录如下：

1. 收集原材料

确定研究课题与实施方案后，课题组全部同学立即投入到实施的过程中，第六周，他们利用星期天休息时间到岳阳楼做了如下工作：

（1）抄摘岳阳楼的楹联。

（2）查阅有关岳阳楼的历史资料。

（3）向岳阳楼管理处工作人员请教楹联的作者、年代、历史背景。

（4）购买有关岳阳楼的书籍《至尊岳阳楼》《江南三大名楼》《岳阳楼的传说》等。

2. 小组分工，查找资料

通过初步统计，岳阳楼共有楹联51副，为查阅各个楹联作者的资料，并提高效率，小组决定分工负责，齐头并进。组长给大家分配任务后，小组集体制订了收集资料的方案：

（1）到学校图书室查阅历史、名人传记、唐宋诗词等有关书籍，借以获得部分资料。

（2）到岳阳市图书馆查阅资料。

（3）请教指导教师以及岳阳师院的几位教授。

（4）向岳阳城区老人请教，获得信息。

3. 整理资料

小组成员完成各自的工作后，组长杨俭再把大家召集起来，让大家把所得材料汇总，并把活动中所遇到的困难提出来集体解决。

4. 小组协作，完成汇报材料

（1）编制年代表：根据楹联的作者、年代及来岳时间，编制岳阳楼历代名人来岳留墨的年代表。

（2）对岳阳的城市建设及旅游开发等方面的建议：①大力弘扬岳阳楼文化。②针对岳阳的旅游开发，建立历代文人游艺馆，增加城市的文化品位。③开拓城市人文资源，营造岳阳城市建设的文化氛围，如增加人文景点、保留古迹古物等。

（3）撰写各自研究过程中的体会。

六、教师综合评价

对于学生的工作，教师应从三个方面来进行评价。下面是我对该课题组的简评：

1. 对课题的评价

这个课题的选择很好！通过该课题的研究，同学们了解了岳阳楼悠久的历史文化传统；接受了古诗文、楹联等这些传统文化形式的熏陶；学会了查阅资料，整理读书笔记等，这对同学们的成长十分有益。

2. 对过程的评价

整个课题组在研究性学习的过程中表现非常突出，同学们能认真地求证每一个问题，并时时与教师保持联系，特别是大多数同学能自觉利用星期天的时间去查找资料，精神十分可贵。

3. 对结果的评价

同学们出色地完成了该课题的研究！特别是"年代表"的制订，填补了岳阳楼研究的一个空白，具有较好的社会价值。另外，对岳阳城市文化建设的建议也很好，值得推荐。

对该课题组的综合评价是：优秀。

七、汇报研究结果

这是研究性学习中较重要的一环，各课题组完成研究工作后，应向全班作专题汇报。汇报方式包括宣读研究论文、举办课题答辩会、谈体会等。通过这些形式的交流，使各组间互相借鉴，共同进步。一般情况下，学生汇报时应该对下述方面做出陈述：

（1）所做的主要工作。

（2）研究中遇到的困难与解决方法。

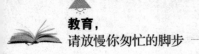

（3）研究过程的体会。

（4）宣读研究论文或结论。

（5）其他收获。

八、整理心得体会

这一过程往往为多数人所忽视。其实，研究性学习是一门新的课程，它所覆盖的范围十分广泛。因此，每当学生完成某一课题之后，教师与学生要回过头来对整个过程作总结，并整理心得体会，这对教师的教与学生的学都十分重要。

在指导岳阳楼楹联组的活动中，我有如下几点体会：

（1）帮助学生明晰研究目标与确定研究课题最重要。因为学生对此往往把握不好。另外，所选课题宜小不宜大，这样学生容易入手并得出结论。

（2）对于学生的研究实施过程，教师要充分尊重学生的自主性研究，不宜过多地参与进去，以充分挖掘学生的学习潜能。

（3）定期检查各组的《课题组日志》是教师管理的最有效方式。

（4）不要怕学生在研究中出现偏向或偏差，因为纠错是一种最好的学习，不妨让学生自主完成。

（5）对学生的成绩或好的表现及时给予肯定，对遇到困难的学生适时给予帮助和鼓励。

下面附张浪涛同学的体会：

张浪涛同学的体会

带着浓厚的兴趣，我们在王老师的指导下完成了《岳阳楼楹联与历代文化名人足迹探寻》这一课题的研究，并获得了成功，我们全组成员都十分兴奋。回顾这一期的学习过程，我感触很深：

首先，它有别于传统课堂的学习。我们可以根据自己的兴趣与计划做"研究"，同学们比以前更认真，也更有收获。例如在摘抄楹联时，我们有很多字不认识，这在平时，我们是不会用心关注的，但那天我们每个同学都十分用心地把不认识的字临摹了下来，一个个向别人请教；有的人回来后还找别人借了《书法辞典》，一个字一个字认真地查对，这种态度以前可是从来没有看到过!

为了查找资料，这几个星期天我几乎都在图书馆，没有休息，还花了几十元钱，但我心里却觉得值得。我认为我在踏踏实实地做一件事！现在我们组成功了，这其中也有我的一份成绩。回想以前的星期天我都是到处逛逛，真是浪费了时间。

还有，在研究的过程中，我们接触了很多对联，查阅了许多资料，也请教了一些教师与专家，这不仅丰富了我们的知识，更为我们今后的学习与研究打下了良好的基础。

今后，我还会继续进行这样的工作！

（2002 年 1 月 8 日）

考试研究

着力核心素养，联系生活实际

——2018年长沙市生物中考第32题解读

一年一度的中考结束了，今年的中考"生物"有何特点呢？下面，作者以"2018年长沙市初中学业水平考试试卷《生物》中的第32题"为例，和大家一起讨论。

原题如下：

32.近些年来，随着饮食和生活方式的改变，糖尿病患者的数量剧增，据报道，我国糖尿病患者多达1.1亿。在糖尿病饮食教育中有一种"手测量法则"，该法则可简易确定每日摄入的食物体积量，其具体做法如下：谷类为双拳大小；水果为一个拳头大小；肉类为一只手掌大，厚度为小拇指厚；油类为半个大拇指的量；绿叶蔬菜为双手能捧起的量。某社区进行了"手测量法则"在糖尿病患者饮食指导中的应用效果研究，其结果见下表所示数据：

"手测量法则"在糖尿病患者饮食指导中的应用效果研究

处理方式	人数	空腹血糖浓度（克/升）		餐后两小时血糖浓度（克/升）	
		实验前	半年后	实验前	半年后
常规饮食控制	20	1.8	1.74	3.06	3.08
"手测量法则"控制	20	1.78	1.1	3.06	1.93

（注：正常人的血糖浓度为0.8～1.2克/升，临床上以空腹1.4克/升为糖尿病患者早期诊断指标之一。）

请回答问题：

（1）根据"手测量法则"进行饮食控制的糖尿病患者，每日摄入的谷类比果蔬类的体积量要_____（填"大""小""相等"）。肉类中的蛋白质最终消化成_____后，才能被人体吸收。

（2）据表分析，应用"手测量法则"控制饮食，对糖尿病患者是否有效？

_____

（3）某糖尿病患者因急性肠胃炎住院治疗，在他的药品中有葡萄糖注射液。该患者是否需要输入葡萄糖？请判断并说明理由。

_____

本题的参考答案及评分标准为：

32.（1）小　氨基酸（2）有效。（3）不需要。因为该患者的血糖浓度高于正常值，输入葡萄糖后会危害健康。（或者是）需要。因为葡萄糖是主要的供能物质，会被消耗；而该患者难以从食物中获取葡萄糖。（说明：答"医生说的"或与之相关的理由不给分；本题只答"需要"或"不需要"，没有理由或理由错误不给分。）

考试结束后，许多学生一脸的困惑："老师，这道题是该填'需要'还是填'不需要'呢？"老师们则在"长沙市生物学科群"中议论纷纷："今年的中考题难度加大了""今年的题目更加灵活了，着力考查学生的理解与分析能力"……

作者认为，本题是一道非常好的试题！它既符合"发展学生的生物学核心素养"的基本要求，又密切联系生活实际，要求学生们能够利用所学知识解决"现实生活中简单的生物学问题"。具体来说，作者认为该题有如下特点：

（1）突出对学生"解读"能力的考查。本题第（1）题第一空的答案为"小"，但许多同学填的是"大"，因为他们对题干的解读（能力）不够。其实，答案就摆在题干中。第（2）题则是考查学生对"图表"的解读能力，虽然答案非常清晰，但仍有许多学生答"无效"。

（2）突出对学生"理性思辨"能力的考查。本题的第（3）题提供给学生的是较为复杂且"彼此矛盾"的信息：①患者既有"糖尿病"也有"急性肠胃炎"。作为糖尿病患者，应该控制葡萄糖的摄入；作为急性肠胃炎患者，则无法摄入各种营养物质（包括葡萄糖）。但葡萄糖作为人体的主要供能物质，在患者不能通过消化系统吸收的情况下，静脉注射应该是唯一且合理的途径。

②对于患者来说，过多的葡萄糖会危害其健康；而不摄入则无法满足其对能量的需求，也不利于其免疫系统的充分发挥作用，不利于其疾病（急性肠胃炎）的康复。因此，如何准确地解答这一问题，对学生"理性思辨"能力的要求是非常高的。

（3）突出对学生"表达"能力的考查。同样是第（3）题，虽然大多数同学有着上述的分析和思考，但他们无法准确表达出自己的思想。所以，他们呈现在试卷上的答案，常常有许多自相矛盾的表述："需要，因为他是糖尿病患者"或"不需要，因为他不能吸收"等等。还有的同学想表达两方面的意思，但又不知道该如何分开来表述，就把这两种观点混在一起，讲也讲不清。有的同学则干脆只答了"需要"或者"不需要"，这样1分也得不到！

通观本题及整套试卷，出题者的意图是非常清晰的：突出对学生"核心素养"的考查；突出学生对"现实生活"的关注！基于此，作者呼吁，我们的"教"与"学"要进行相应的调整了。

青春期与性教育

让你的青春更美丽

——初中生的性健康教育

一、生殖，并不神秘

春天来了，花儿就会开放，这是大自然生机盎然的表达。朋友，你知道吗，这娇艳美丽的花儿，就是被子植物的生殖器官！

美丽的花儿开放后，常常会引来蜜蜂、蝴蝶等昆虫。它们飞到花上，采集芬芳的花蜜。就在它们在花丛中飞来飞去的时候，它们为花儿充当了"红娘"——把花粉从一朵花传到了另一朵花。

花儿授粉后，花的青春就会逐渐逝去。于是，鲜艳美丽的花瓣纷纷凋落。

不久，枝头会结出诱人的果实，它们是从花的心里长出来的。果实中往往有几粒、几十粒甚至上百粒种子，它们就是植物的下一代。我们把种子种在泥土中，它就会长成一个新的生命。

多么神奇，这就是植物的生殖过程！

思考：

1. 被子植物的生殖器官是什么？

2. 蜜蜂、蝴蝶等昆虫在植物的生殖过程中有何重要作用？没有这些昆虫的帮助，植物能进行正常的生殖吗？

3. 花儿授粉后，美丽的花瓣为何纷纷凋落？

二、青春期

人的生殖是从青春期开始的。

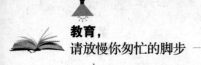
什么是青春期呢？

青春期是指人的生殖器官开始迅速发育并逐步走向成熟的时期。男孩子的青春期开始于12岁左右，女孩子的青春期开始于10岁左右。

调查：植物的青春期来临时会开出美丽的花朵，当我们的青春期来临时，我们的身体会有哪些变化呢？

建议：仔细观察同班的同学，也可以和他们展开讨论、交流，探讨青春期来临时，我们的身体会有哪些变化。不妨把你的发现写成一篇调查报告。

青春期是人的一生中最宝贵的时期。有人把青春期形象地比喻为人生的"黄金时代"，原因有以下几个方面：

（1）青春期是从童稚逐步走向成熟的时期。

（2）青春期是身体迅速长高，各内部器官迅速发育的时期。

（3）青春期是记忆力最佳、最易接受新知识的时期。

（4）青春期是性发育与性成熟的时期。

（5）青春期是人的一生中最有活力的时期。

伴随着青春期的来临，少男们会出现长胡须、遗精等生理现象，少女们会出现月经来潮等生理现象。对于身体发育过程中突然出现的这些变化，他们会感到困惑与不安、羞涩与好奇。于是，他们开始有了自己的秘密，开始从各种途径探求性的知识。

当然，这是十分正常而自然的事情！

问卷调查：当你的身体出现上述"异常情况"时，你通常会怎样做（　　）

A.向老师询问；

B.向家长、朋友请教；

C.偷偷地去查阅书籍，或者从网络、媒体中寻找相关知识；

D.惊慌失措，不知该怎样做；

E.其他方式。

三、少年的迷茫

据统计，青少年获得性知识的途径，80％来自于书刊、网络、媒体等，仅有1％～2％的人会向老师或家长询问。可见，青春期的到来，给孩子们带来了深刻的影响。

处于青春期的孩子，开始有了自己的小秘密。他们（她们）不再愿意和父母亲一起出入公众场合；不再愿意父母亲过多地关心（或者说干涉）他们（她们）的生活。

背景分析：由于几千年封建思想的禁锢，人们有意无意地给"性"披上了一件朦胧的外衣。孩子们无法通过健康、正常的渠道获得有关性的知识，于是越发增加了对性的迷惘与神秘感。因此，他们开始从各种途径搜索有关性的知识。

随着网络时代的来临，上网成了同学们日常生活的一部分。在网络中，孩子们往往无法分清是非与黑白，香花与毒草。

材料阅读：

小明正在读初中二年级，一直是一个品学兼优的孩子。可是，在最近的一次考试中，小明的成绩竟一下子降到了班级的第32名。是什么原因呢？班主任对此疑惑不解，决定到小明家去家访。

小明的爸妈很热情地接待了班主任，并告诉班主任小明正在他的房间里学习。可是，当班主任悄悄地进入小明的房间时，班主任惊呆了——小明正在浏览黄色网页！

原来，小明是在一次查阅资料时偶尔打开这一网站的。虽然最初是面红心跳，但抑制不了冲动和好奇。慢慢地，小明感到很刺激，并很快沉迷于其中。接下来，小明不再按时完成作业和复习功课，而是等父母睡觉后整夜上网，以致白天精神萎靡，成绩直线下降。

问卷调查：

A. 你"上网"过没有？

B. 你平常每天"上网"多长时间？

C. 你"上网"主要做什么？

建议：做100份问卷，发给你的同学。然后，把问卷收集来，进行整理，再写出问卷调查报告，和老师交流。也可以以下列题目为主题，在班上组织辩论赛。一部分同学充当正方，一部分同学充当反方，一部分同学充当评判员。

讨论题：

1. 我们应该怎样看待网络对青少年的影响？

2. 中学生应不应该"上网"？

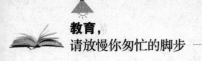

3. "上网"利多还是弊多？

四、亟待进行的青春期性教育

随着我国改革开放的不断深入，各种关于"性"的信息不断涌入并充斥在孩子的周围。特别是网络与媒体给孩子们带来的片面的性知识，甚至是负面的影响。没有正面的引导，学生很容易误入歧途。

对2 071名性犯罪者的调查结果显示，20岁以下的青少年竟占89.3%。专家分析，导致这一状况的主要原因是孩子们的"性无知"。

材料阅读一：17岁的小丽（化名）是贵州省某县中学的学生，她的成绩长期稳居班上第一，且她身为班干部，深受老师的器重。一天早上6时许，小丽突然腹中剧痛，呻吟不止。几位同寝室的女生急忙将她送往当地医院。经妇产科医生仔细诊断，证实小丽已怀有一个多月的身孕。

讨论：小丽怀孕会导致什么样的后果？一个中学生成为"未婚妈妈"，对她的健康、学习以及她今后的人生会造成什么样的影响？

材料阅读二：据《新快报》报道：广州青少年学生中有极端行为的比例惊人，相当部分学生存在不同程度的心理问题。此次问卷调查设计了50项日常的问题行为。被调查的1 600多名青少年学生来自广州市5个区共13所学校，从小学五年级到高中三年级的学生都有，共收回有效问卷1 514份。

调查显示，观看色情音像制品、观看暴力音像制品、阅读色情刊物、阅读暴力刊物的比例分别为8.1%、24.1%、6.2%、14.6%。11%的学生曾经与异性在公共场所拥抱，2.7%的学生有过性行为，2.6%的学生有过偷窥经验，0.6%的学生曾经卖淫。

讨论：你怎样看待中学生的这些行为？

材料阅读三：湖南省芷江县土桥中学学生毛小湖，暗恋班主任老师，最后因爱生恨，发誓"来世也要成为夫妻"，于1995年9月17日下午，将身怀六甲的班主任老师连刺12梭镖。

讨论：对于班主任的惨死，毛小湖能负全责吗？

专家呼吁：性教育走进中学课堂刻不容缓！

小资料：

对青少年进行性教育已经引起世界各国的普遍关注。

1991年，美国卫生、教育与性学方面的专家一起精心制订了学校性教育大纲，并出版了《综合性学校健康教育中的性教育》一书，系统地讲述了从幼儿园到高中的性教育内容及教育方法。

而瑞典早在1942年就对义务制学校进行性教育，1970年性教育的范围扩大到所有的学校。瑞典的性教育已引起不少国家的关注，并成了世界性教育的典范。

从1982年起，日本的中小学全面开设了性教育课。此外，英国、苏联、菲律宾、墨西哥、丹麦、韩国等国家都广泛开展了性教育课。这不仅教给孩子们正确的性知识，也帮助孩子们树立了正确的性观念和性道德标准。

性是伴随人一生的问题，没有性，就没有人类文明的延续和人类自身的繁衍。中学生正处于性发育的萌动、起始阶段，他们对性知识的追求是性心理发展的必然产物。让性教育走进课堂，给同学们讲科学的性知识，会促进其性心理健康地发展，改变对性的愚昧与无知状态，破除对性的神秘感和好奇心，从而帮助他们顺利地度过青春期这一人生必经的危险而又美好的花季，并对其一生产生深远而有益的影响。

愿同学们的青春更美丽！

五、初中生青春期的性发育

1. 春天来了——谈少男少女青春期的来临

春天来了，各种花儿次第开放，红的似火、粉的似霞、白的似雪……这是大自然最美丽的季节，也是各种植物蓬勃生长的季节。

人的一生也有一个最美丽的季节，那就是青春期。一般来说，女孩子长到10岁左右，男孩子长到12岁左右时，他们就悄悄地进入了青春期。我们经常把他们叫作"花季少年"，就是因为他们进入了人生最美丽也是最重要的时期。

小知识：人的发育是在神经系统以及内分泌系统产生的激素的调控下进行的。不同的个体，青春期的开始年龄、发育速度、成熟年龄等存在着较大的差异。就开始年龄来说，男孩一般比女孩晚两年。初、高中学生的发育一般都进入了青春期。对每个人来说，青春期都是生长发育的重要时期。

进入青春期以后，人体的形态和功能会发生一些显著的变化：首先，人的身高和体重开始迅速增长。和青春期开始的时候比较，青春后期时，身体的增高可达到30～60厘米。青春期过后，人的身体基本不会再长高了。其次，各种内脏器官以及神经系统等功能进一步完善。如11岁时，我国城市男学生的肺活量平均值为2 080毫升，18岁可达4 019毫升。

青春期最突出的特征是性器官的发育。

子宫和卵巢是女性的主要性器官，睾丸和前列腺是男性的主要性器官。女性青春期开始的年龄普遍比男性要早。

童年期好像是沉睡了的冬天，各种性器官的生长发育几乎处于静止状态。而青春期开始后，性器官在垂体分泌的促性腺激素的作用下得到迅速发育。所以，青春期是人由儿童走向成熟的关键时期。了解有关青春期发育的一些基本知识，有利于我们的身心在人生最关键的时刻健康地成长。

小知识：

（1）女性在青春发育期各项性征出现的年龄顺序是：

8～10岁，身高突增开始，子宫开始发育；

11～12岁，乳房开始发育，出现阴毛，身高突增达到高潮，阴道黏膜出现变化，内外生殖器官发达；

13～14岁，月经初潮，腋毛出现，声音变细，乳头色素沉着，乳房显著增大；

15～16岁，月经形成规律，脂肪积累增多，臀部变圆，脸上长粉刺；

17～18岁，骨骺闭合，停止长高；

19岁以后，体态苗条，皮肤细腻。

（2）男性在青春发育期各项性征出现的年龄顺序是：

9～11岁，睾丸开始增大；

12岁，喉结开始增大，前列腺开始活动；

13岁，阴毛萌生，睾丸、阴茎激增；

14岁，声音变粗，乳部发胀；

15岁，阴囊色素增加，腋毛、胡须激增，睾丸发育成熟，出现遗精现象；

16～18岁，脸上长痤疮，体毛较密，阴毛分布成年化；

19～22岁，骨骺闭合，停止长高。

睾丸是男性生殖器最重要的部分，是一对卵圆形的腺体。睾丸容积在青春期前仅大于婴儿期，不足3毫升。进入青春期后，睾丸迅速发育，容积可达12毫升以上。里面出现各期生精细胞，最后发育成精子。睾丸还分泌雄性激素，因此睾丸既是生殖器官，也是内分泌器官。

阴茎是男性的性行为器官，睾丸发育1年后，阴茎开始增大增粗，17~18岁时发育成成人水平。

男性首次遗精年龄平均为14~16岁，比女孩月经初潮平均年龄约晚2年。首次遗精发生后体格发育渐趋缓慢，而睾丸、附睾及阴茎却在迅速发育，接近成人水平。

青春期男性，随着生殖器官发育，出现第二性征如毛发（阴毛、腋毛及胡须）生长、变声及出现喉结等。阴毛最先出现，其次是腋毛，腋毛出现1年后，长出胡须。喉结的突出是男性特有的第二性征。

2. 胸部悄悄地隆起——女孩在长大

怎样知道自己是否进入了青春期呢？对于女孩来说，乳房发育是少女性发育最明显的起点，也是女性出现最早、最明显的第二性征。如果你的胸部悄悄地隆起了，表示你进入了人生最美丽的花季——青春期。

大多数女孩的乳房发育是在月经初潮（见后面的章节）之前，约9~14岁之间开始。首先是构成乳房的乳头和周围的乳晕处形成一个纽扣样的小包，之后，乳头开始变大，乳晕逐渐扩展，乳头和乳晕的颜色逐渐加深，乳腺里面的脂肪和血管逐渐增多，外表渐渐地隆起。到13岁左右，乳房的组织开始迅速增长，到16岁以后，随着身体的发育，乳房的发育日趋丰满。

乳房是女性成熟以后哺育婴儿的重要器官。乳房的健康发育对女性来说十分重要。乳房的发育是人体内垂体、性腺、肾上腺、甲状腺等内分泌腺分泌的多种激素共同作用的结果。

提示：

少女在乳房发育期应增加多种营养，特别要多吃含蛋白质丰富的食物，如瘦肉、牛奶、豆制品、鸡蛋等。

少女的乳房发育一般是两侧对称的，但也有先从一侧开始发育的，这时可能出现两侧不等大的现象，这不足为怪。什么情况属于不正常呢？如果两侧乳房差异明显，甚至出现一侧发育不良或完全不发育的情况，这时应该到医院去看医生。少女的乳房随着月经来潮会逐渐变得丰满而富有弹性，有些少女易产生一种羞涩感，在走路时常常含胸弓背，长期下去会影响胸廓、乳房、脊柱的

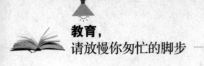

正常发育，也影响体型的健美。

资料：

影响乳房发育的多种因素：

女孩的乳房发育是受多种因素影响的，如遗传、内分泌、营养、疾病等。有些女同学进入青春期后，仍不见乳房的隆起，原因可能来自以下几个方面：

①遗传因素：女儿的小乳房往往与母亲的小乳房有关。

②食物因素：乳房除了腺体外，最多的是脂肪组织，需要合理的食物结构保证有脂肪贮存。而许多女孩在发育前期为了追求苗条的身材，摄入的热量不足，往往造成平胸。

③发育迟缓：个别乳房小的女孩是因为发育迟缓，到了发育阶段自然会恢复正常。

忠告：

（1）如果发现自己有遗传小乳房的倾向，应及早在发育期内加强胸脯锻炼，并保证有足够的营养。切不可轻信广告而进行"丰乳""隆乳"。否则，不仅会影响体内激素的分泌，而且会影响乳房的正常发育。

值得指出的是，少女在青春发育期，有时会感到乳房疼痛的情况，这种由于生理变化而引起的暂时性乳痛，医学上称为"生理性乳房痛"，这种乳房痛无关紧要，大多不需治疗，可自愈。

（2）保护乳房。

乳房是展示女性魅力十分重要的部位。青春期是乳房发育的重要时期，养护好青春期乳房对于女性的健康以及将来的哺乳都十分重要。

很多女孩子缺乏养护青春期乳房的必要知识，她们不知道如何保护发育中的乳房，也不知道如何选择与佩戴胸罩，结果往往影响了乳房的正常发育。下面谈到的几点，对女孩乳房的正常发育比较重要。

（3）防止乳房受到强力挤压。

乳房受到外力挤压，不仅容易改变外部形状，使上耸的双乳下塌下垂，而且容易使乳房内部软组织受到挫伤或引起乳房内部增生。

避免外力挤压乳房，除了要防止运动过程中的意外碰撞外，在日常生活中还应该注意保持正确的睡姿。女孩的睡姿以仰卧为佳，尽量不要长期朝一个方向侧卧，这样不仅容易挤压乳房，也易引起双侧乳房发育不平衡。

（4）及时佩戴胸罩。

及时佩戴胸罩，对女性的乳房发育是十分重要的。一般来说，当乳房发育到一定程度（直径8cm左右），就需要开始佩戴胸罩了。迟迟不戴胸罩，容易造成乳房下垂，而且也易使乳房受到外部损伤。当然胸罩也不是戴得越早越好，过早地佩戴胸罩，会限制乳房的发育，甚至引起乳腺增生，对女孩的健康反而不利。

选择适合自己乳房发育的胸罩是十分重要的。年轻的女孩往往羞于去选择胸罩，也不会选择胸罩，因此，不妨在妈妈的陪同下进行。

首先，胸罩的大小必须合适。胸罩过大，起不到保护乳房的作用；胸罩过小，会使乳腺发育受到限制，造成乳头内陷，甚至影响日后乳汁的分泌。同时，束胸过紧还会限制胸廓的发育，从而影响心、肺的发育及功能。

那么，怎样选择到合适的胸罩呢？比较简单的方法就是试穿一下。可以参照以下几点来选择：戴上以后没有压迫感，呼吸不受限制，不妨碍身体活动。

其次，胸罩的材质最好是棉质的，不要选择用化纤织物的。因为棉布不仅透气、吸汗，还不刺激皮肤。至于那些充填了海绵的造型胸罩或带有钢圈的胸罩都不适合青春期的少女，它们会限制乳房的发育。

（5）不要用过冷或过热的水刺激乳房。

女孩的乳房清洁是十分重要的，长期不洁净容易出现炎症或皮肤病。所以要注意保持乳头、乳晕部位的清洁。洗浴时要避免用过热或过冷的水，更不能用热水长时间的浸泡。否则，不但会使乳房软组织松弛，还会导致皮肤干燥，影响乳房的健美。洗浴完毕，用稍冷的水冲洗乳房，可以促进血液循环，增加乳房的弹性。

（6）要注意均衡营养的摄入。

摄入含有丰富脂肪和蛋白质的食物，可以使身体各部位储存丰富的脂肪。乳房的内部组织大部分是由脂肪构成的，只有乳房内脂肪的含量增加了，乳房才能正常地发育。有些女孩一味地追求苗条身材，又不肯锻炼，于是用节食来达到减肥的目的，结果因营养严重不足，导致乳房发育不健全，甚至已经发育的乳房也会萎缩，所以青春少女不可盲目地节食。

（7）要经常进行锻炼。

乳房的健美光靠自然的发育是不够的，除了加强营养，注意保护外，还要进行适当的锻炼。经常游泳对乳房的发育、健美大有益处。游泳时，流动的水对乳房是一种良好的按摩，它可以使胸肌更加均匀、发达，使乳房更有弹性。另外，做一些胸部健美操（如俯卧撑、举哑铃、扩胸运动等），都能使乳房更加健美。

值得注意的是，在参加体育运动时必须戴胸罩。否则，运动时乳房不断地摆动，容易造成乳房下垂。

（8）进行自我检查。

乳房发育过程中也可能出现一些异常。了解自己的乳房，经常进行自我检查是必要的。如果发现两侧乳房差异明显，或者是乳头内陷，或者发现乳房内有异常肿块等，要及时找医生进行诊治。如果全身发育正常，仅是乳房发育不良，可反复自我按摩，促进乳房的健康发育。

总之，合理的营养调节和科学地身体锻炼，可以使你的胸部更健美。

讨论：

乳房发育期，应该注意些什么？

3. 我怎么流血了——少女的月经初潮

小敏是初中二年级的学生，今年13岁了。有一天上语文课时，小敏觉得自己下身湿漉漉的，好像是尿裤子了。小敏不敢声张，一直等到下课后到厕所里去看，才发现内裤上不是尿，而是斑斑血迹。我怎么流血了？小敏一下子慌了起来。

原来，小敏来月经了。

事实上，每一个健康的女孩子进入青春期以后都会来月经。医生们习惯地把第一次来月经称为月经初潮。月经初潮的来临，表示你开始走向成熟。这是一件可喜的事情，是身体正常发育的表现。如果你的月经初潮碰巧来了或者尚未来，你都不要惊慌。

小知识：

月经初潮一般在什么时候来临呢？

据调查，我国女中学生月经初潮的年龄大体在10～16岁之间，其平均年龄为13～14岁。如果你的乳房悄悄地隆起了，阴部长出了阴毛，不久，你就会来初潮了。你不妨在母亲的帮助下提前做好准备。另外，女孩子们还可以自己观察阴道内流出的少量液体——白带。白带是由阴道和子宫内膜分泌的一种蛋清样的黏液，它有湿润和保护女性阴道的作用。如果你发现自己的白带呈现褐红色，说明你很快就要来月经了。

另外，我们还可以告诉你的是，月经初潮出现的迟早与遗传、气候、营养状况、身体素质等因素有关。例如，母亲的初潮早，则女儿的初潮也早；处于热带、亚热带地区的女孩比寒带地区女孩的初潮早；营养状况和身体素质较好的女孩比营养差、体质弱的女孩的初潮早。如果班上许多女同学都来了月经而你尚未来，你不必有任何担心。

不管月经初潮来得迟或早，初潮的出现，都象征着你的卵巢已经开始行使其职能，这是可喜可贺的。有一些女孩子把月经称作"倒霉"，这是对月经现象缺乏正确的认识。下面再给你补充几点知识：

① 正常的月经应是鲜红或暗红色的，每次出血量以第2、3两天最多，总量一般是40～100毫升以内。

② 每次月经的行经天数多为3～5天，也有的人仅有2天，或者是长达6～7天，只要出血量不是过多或过少，一般都属正常范围。

③ 月经周期是指上次月经第一天到下一次月经第一天的间隔。从时间上讲，一般28～30天来一次，所以有"月经"之说。

但是月经周期的长短也因人而异，有的人会长一些，有的人会短一些。即使是同一个人，月经周期也经常有变化，它受个人的营养条件、健康状况等因素的影响。女孩在月经初潮以后，少数人开始规律地行经，而大多数女孩则要隔上几个月、半年甚至一年以上才第二次来潮。这不是病理现象，而是由于女孩性发育尚未完全成熟，卵巢的功能和机体的调节能力尚不稳定，只要身体完全发育成熟，卵巢的功能正常了，月经就会慢慢地规律起来。

另外，紧张的复习迎考，情绪不稳定，不小心着凉或者身体有病等，都可导致月经周期的变化。这些方面，同学们应有所了解。

月经来潮，希望你坦然面对。

课外读：

月经和月经形成的原因：

月经是子宫内膜在卵巢产生的雌性激素作用下发生的周期性出血，是女性

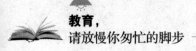

在青春期伴随第二性征出现的生理现象，第一次月经称初潮。初潮的早晚与每个人的遗传、生活环境、营养等因素有密切关系。我国女性的平均初潮年龄为13岁，但近年来的调查表明，我国女性初潮的年龄有提前的趋势。如果18岁以后仍未见初潮，应尽快去医院检查。

当月经这位"不速之客"第一次造访你的时候，你可能一点防备都没有，在毫无感觉中，忽然一片殷红让你不知所措。这客人是怎么来的呢？通俗地说，卵巢在发育成熟后，约一个月排出一个卵子，卵子排出后先到达输卵管，等待精子的到来。这时子宫内膜增厚等待受精卵的到来，若这期间卵子受精了，受精卵就会在增厚的子宫内膜上"扎根发芽"，发育成胎儿，如果不受精，增厚的子宫内膜就不需要了，就会脱落下来，引起出血，排出体外，这就是月经。月经期，大多数的女性都有下腹坠胀、腰酸、乳房胀痛等不适感，特别是经期的前两天。

月经的到来，标志着一个女性的成熟，表示你已有了将来为妻为母的生殖基础，你应该尽快把这个消息告诉你的母亲或其他可以信赖的女性，她们一定会为你的长大感到高兴。

给女同学的小建议：

（1）把你第一次来月经的日期记下来。

（2）向妈妈请教，了解更多有关月经的知识。

（3）准备一本日历，把你每次行经的日子标记下来。

讨论：

（1）女孩来月经是"倒霉"事吗？

（2）月经一般隔多少天来一次？

（3）每次来月经，一般持续多少天？

（4）月经期间，应该注意些什么？

4. 我还能上体育课吗——少女的经期保健

丽丽的月经悄悄地来了，妈妈告诉丽丽："月经期间千万不要参加体育运动，否则，对自己的身体不好。"是这样的吗？

每一个月，少女们都有几天特殊的日子，是否上体育课时一定要请假呢？

其实，来月经时，一般的体力劳动和户外活动对身体不但不会有不良影响，反而可以促进盆腔的血液循环，从而减轻腰酸和坠胀等感觉。当然，过重的体力劳动和剧烈运动则会使盆腔血流过速，从而导致月经量过多或经期过长。所以，来月经时，如果正好赶上体育课，女生可以参加一些运动量不大的、不太剧烈的运动，如慢跑、打乒乓球等。

参加体育锻炼时，要注意以下几点：

（1）避免运动量过大。适当的健身是可以的，但是不要过量，使自己过于疲劳。

（2）避免参加剧烈的运动项目。经期不宜参加跳高、跳远、百米冲刺等运动。

（3）不能游泳。在经期，身体抵御病菌的能力减弱，游泳池里的细菌更容易侵入，而且在凉水里浸泡也对身体不好。

（4）不要参加比赛。比赛时，运动员注意力高度集中，神经高度紧张，同时，运动量也比平时要大得多。

（5）如果经期有痛经、腰酸、经血过多或经期紊乱等症状，应立即停止锻炼，并及时就医。

月经期间，由于子宫颈口微张、子宫内膜剥落留有创面以及阴道内酸度下降，抑制细菌生长的自然防御作用削弱。一旦致病菌入侵，极易引起生殖器官炎症。所以，月经期间，要格外注意以下几个方面：

（1）要注意外阴部的清洁卫生，经常清洗外阴，并且勤换内裤和卫生巾。经血本身并不脏，也没有什么异味。但是，当经血接触外界空气，时间一久，就会产生异味，并且滋生细菌。因此，最好每3~4小时就更换一次卫生巾。

（2）要注意保暖，避免受凉。经期必须注意保暖，尤其是下半身的保暖。经期应避免用冷水洗头、洗澡、洗脚，也不要随意坐在冰凉的砖地、水泥地和潮湿的草地上。这是因为突然或过强的冷刺激有可能使子宫及盆腔内血管挛缩而引起痛经或月经骤停。此外，经期身体抵抗力下降，受凉后更容易感染疾病。因此，经期一定要注意预防感冒。

（3）要保持心情舒畅。精神紧张或情绪波动都能影响中枢神经系统的调节功能，从而引起月经失调或加重经期反应。

（4）要注意饮食。经期应尽量少吃辛辣、刺激性强的食物；要多吃蔬菜，保持大便通畅，从而减轻盆腔充血；还要注意多喝水，以补充流失的水分。此外，经期尽量不要吃冷饮，月经来潮时吃大量的冰淇淋，可能减少月经量、缩短月经期，有的还可能会引起停经。

（5）要保持充足的睡眠。经期应注意劳逸结合，尽量早睡，保证充足的睡眠时间。

5. 讨厌的青春痘

进入青春期以后，不少同学的脸上会生出一些大大小小的疙瘩，这就是青春痘。

对于青春痘的出现，同学们普遍感到苦恼，因为他们担心青春痘会影响他们姣好的面容。

那么，青春痘是怎么回事呢？

青春痘又称痤疮、粉刺，是青春期常见的皮肤病。由于青春期体内雄性激素分泌增加，雄性激素会促进皮脂腺发育并分泌皮脂。皮脂分泌增多，若不能及时从毛囊口排出，便会在皮肤上鼓起小疙瘩。

为什么痤疮常生在面部呢？

这是由于面部有丰富的皮脂腺，皮脂分泌较多，而且面部和外界接触，容易导致灰尘积累堵塞毛孔，因此，脸上容易发生痤疮。不过，身体的其他部位如胸部、背部的皮脂腺分布也较多，也会发生痤疮。

少男少女脸上长了青春痘，首先要认识到它是青春期发育过程中的常见现象，过几年以后，可以自然消退，因此思想上不要有负担。其次，不要用手去挤，用手挤压会导致皮肤破损，若遇到细菌感染，便会引起毛囊及毛囊口周围的皮肤发炎，甚至在面部留下疤痕。

青春痘是青春发育期的暂时现象，随着青春期发育的完成，青春痘可以自然减轻或消退，一般不需要治疗。因此，少男少女长了青春痘也不必苦恼和焦虑。可以试着采取以下措施，减少青春痘的出现：

（1）保持面部皮肤的清洁卫生。经常用中性香皂、洗面液或洗面奶清洗面部，可以去掉面部的皮脂，疏通皮脂腺的导管，使皮脂及时排出。平时不用油性的化妆品，以保持皮肤清洁少油。

（2）注意饮食清淡。多吃新鲜蔬菜和水果，多吃富含维生素的食品，少吃高脂肪的食品和甜食，少吃刺激性大的食品，如辣椒等，可以有效减少青春痘的出现。

（3）保持良好的情绪是一种积极的心理疗法。精神紧张、心理压抑都会导致内分泌失调，并影响睡眠及饮食，这些都会使痤疮加重。

如果青春痘已经化脓或炎症加重，则应在医生的指导下进行适当治疗，如热敷、理疗、搽药或全身应用抗生素等，以加速痤疮愈合。

6. 小东西怎么不听话了——男孩青春期的到来与阴茎的勃起

阴茎的勃起，从1～2岁的小男孩到成年男性都会发生。只不过青春期以前，男孩阴茎的勃起是由于膀胱充尿引起的，尤其是在睡眠的时候更加明显，清醒排尿后勃起会自然消失。进入青春期以后，男孩阴茎的勃起往往与性生理发育和性心理因素对感官的刺激有关，或者是由于裤子对阴茎的摩擦引起，或者是受书刊、影碟中关于异性的描写而引起。

阴茎为什么会勃起呢？

男性的阴茎由两个阴茎海绵体和一个尿道海绵体组成，当阴茎海绵体和尿道海绵体充血时，阴茎就增大变硬，这种现象叫勃起。当勃起发生时，进入阴茎海绵体的血流量要比平常增加8～10倍，明显地超出了流出的血量，于是，阴茎的体积就增大了。

7. 腋毛与阴毛悄悄出现

有一句俗话说"嘴上长毛，办事不牢。"确实，嘴上长毛是少男少女逐步走向成熟的重要标志。

男孩子开始长胡须的年龄普遍是15～18岁。此前，在性激素的作用下，男孩、女孩的身上会悄悄地长出各种体毛。

体毛包括胡须、阴毛、腋毛以及皮肤上的汗毛等。不论男孩或女孩，身上除了手心、脚心、眼睑等少数几处外，全身皮肤遍布着毛束。从毛束长出的毛发有两类：一类是覆盖全身的、纤细的毳毛；另一类是颜色较深的眉毛、睫毛和头发，叫终毛，在腋窝、阴部等处形成腋毛、阴毛。由于男性体内雄性激素的含量比女性高出10倍左右，所以男性的各种体毛尤其是胡子比女性多，女孩一般不长胡须。

可见，毛发的生长发育是少男少女第二性征的重要表现。

男孩子体毛发育的一般顺序是：首先出现阴毛，一般在12～13岁时，男孩的阴茎根部两侧出现少量颜色较浅而细的茸毛，通常较直或微卷曲，以后逐渐向阴部蔓延，颜色逐渐变黑，到了青春后期，阴毛可扩展到大腿内侧及肛门周围。腋毛比阴毛要晚出现1～2年，开始时腋毛为稀疏细黄的茸毛，以后逐渐变黑变粗。最后出现的是胡须，最初的胡须通常出现在上唇的外角，颜色略显

黑色，数量也不多；随着年龄的增大，胡须的颜色会越来越深，数量也不断增多。

女孩子阴毛与腋毛的发育通常在乳房发育后的一两年内开始。首先，在阴唇上出现少量稀疏细软的阴毛，到13～14岁时，阴毛变得浓密、卷曲，分布于阴阜掩盖的耻骨部，以后，逐渐扩展越过耻骨联合而呈倒三角形分布。腋毛的出现较阴毛晚一些，一般在13～14岁。

阴毛和腋毛是少男少女第二性征的重要表现，但由于受遗传等因素的影响，阴毛和腋毛的多少及分布情况因人而异。有的人体毛浓密且出现较早，有的学生则到了17、18岁时，外阴部和腋窝依然毛发稀少甚至无阴毛和腋毛的出现，对于后一种情况，则要参看身体其他第二性征的发育状况，如果其他方面发育正常，仅仅是毛发稀少或没有，则不会影响以后的婚姻与健康。如果到了18岁除了无阴毛和腋毛外，女性还出现无月经、乳房小等异常情况，男性还出现阴茎、喉结等方面的异常，则意味着内分泌系统或染色体有问题，应及时到医院检查治疗。

那么，体毛对人有哪些作用呢？

一般来说，体毛的生长是人体的自然生理现象，对人体有重要作用。体毛可以防止身体热量的散失；耳、鼻、眼睛以及阴部的体毛可以阻止传染病菌、灰尘、小昆虫等外物的入侵。

有些女孩往往认为体毛影响了美观，于是不敢穿短袖衬衣，甚至离群独居，不敢和同学们正常交往；有的女孩则想尽一切办法来除去身上的体毛。其实，这些思想和做法都是不必要的，体毛的出现，才是健康与成熟的标志。

有些男孩喜欢悄悄地拔除嘴唇上出现的小胡须，这种做法是不正确的。首先，拔除胡须十分疼痛，其次，拔除毛发容易引发毛束炎症。因此，最好不要用手去拔胡须。

古人说，身体发肤受之于父母，要爱惜。我们说：健康的，就是美的。

8. 我怎么尿床了——男孩的第一次遗精

男孩子进入青春期后，有时会在睡梦中从尿道排出一种白色的、黏稠的精液，俗称遗精，也称"梦遗"。

首次遗精，男孩子们往往对此困惑不解。那么，遗精是怎样发生的呢？

男孩子到了14～15岁时，垂体分泌的促性腺激素可以促使男子的睾丸不断成熟，成熟的睾丸开始不断地产生精子。同时，前列腺、精囊腺等腺体不断分泌精浆，两者组成的精液在男孩体内的精囊中不断积累，终于有一天，精囊中再也存放不下了。于是，精液就以遗精的方式排出体外，这就是所谓的"精满自溢"。

遗精是一种正常的生理现象。

遗精是青春期性发育的必然结果，遗精的出现，表明男孩的性器官开始成熟，已经具备了生殖能力，因此，第一次遗精对男孩子来说意义重大。通常，男孩子在第一次遗精后，每隔一段时间就会再次发生遗精。至于间隔时间的长短，人与人之间差别很大，即使同一个人，在不同的年龄、季节和环境下也有相当大的差异，有的每月1～2次，短的可能每周1次，长的则可能每月1次，这都是正常的。

引起遗精发生的原因是多方面的。有的是属于生殖器局部刺激或炎症造成的，如包皮过长、包茎、尿道炎、前列腺炎等；有的是大脑的"性"兴奋过强引起的，如有些青少年白天看了淫秽书画，或讨论有关"性"的问题后，会在大脑皮层形成一个兴奋"灶"，导致在夜间睡梦中发生遗精；有的则是因为用手玩弄生殖器（俗称手淫）而诱发的遗精。另外，学习、生活过度紧张引起兴奋、焦虑，也会因大脑的控制能力减弱而发生遗精。

正确对待遗精现象。

遗精的出现，常常会给男孩子带来紧张与不安，中国的传统观念认为"一滴精，十滴血"。他们可能也听到过这种说法，于是，担心遗精会使自己"元气大伤"，从而整天闷闷不乐，忧心忡忡。其实这种担心是多余的，精液的主要成分是水，水占90%以上，其余的为少量的蛋白质、糖和无机盐。因此，排出一点精液对身体并没有什么危害，一般每月遗精2～3次对身体健康是没有任何影响的。

当然如果频繁遗精，一两天就一次，有时甚至一天就发生两三次，则会对健康造成一定的影响。遗精过频会扰乱睡眠，引起焦虑、紧张等情绪，从而影响学习，严重的还会引发炎症或造成身体虚弱、抵抗力下降等。

频繁的遗精对身体不利，所以为了消除遗精过频的现象，青少年应把注意力更多地放在学习上，多参加一些有益的文体活动，减少对生殖器的生理刺激。

附录

教育随笔

田野的故事

田野的草丛，
小花儿在喁喁细语。
当然，还有上一个春天，我们播下的欢乐，
也萌出了新芽，颤动着嫩绿的头。

她们在低语着去年春天的故事，
低语着你的笑靥。
我的歌声，
还有别在你头上的素馨花的清芬。

这故事不会消逝，
正如小草年年吐绿。
而盛开的素馨花，
就是昨天的芬芳馥郁的记忆！

青春线条

多么想，永远的年华，永远的岁月。
多么想，曾经拥有的永远永远……

驶过岁月的云彩，
我走进了希望的田野，带着欢乐与忧伤。
高原的风，
染绿了我的人生、我的信念。
我把年轻的岁月与希望，
泛舟在师院的海洋……

我慢慢地长大了，
知道人生，除了憧憬、美丽与真实，
还有一层缥缈的雾，淡淡的愁绪。
山坡上的树绿了又黄，黄了又绿，
岁月的泥土一层层斑驳——

我想画梅花，
用一点点水、一点点墨，
以及一支支粗粗细细的笔。
——深深浅浅，曲折起伏的线条，
勾勒出一种孤独的向往。

我想画竹，
想表现一种气质，一种风度的美。

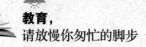

忧伤的岁月，

改变了诗的容颜，

一支墨竹，

摇曳在枯黄的土上。

高墙，封闭不了校园，隔绝不了外界的风。

图书馆有形形色色的书，

萨特，柏拉图，还有塞万提斯。

墙外，有各式各样的信鸽，

衔来桃花的红，青草的绿，

衔来远山的呼唤。

海潮的澎湃，

还有社会的起伏与曲折。

情人的滚烫的心、炽热的吻，

编织了一个又一个的梦，

漫步在校园林荫道上。

清风、明月，

却总也吹不尽腥味的尘土。

花坛静了，

教学楼也静了，

无奈的向往在苍茫的夜空中跌跌撞撞。

走向山坡吧，

高高的水塔下有情影双双。

宿舍楼是沉默的，

可是有竹笛的呜咽，吉他的弹唱，

还有"碰碰喳"的舞步，伴随着组合音响。

无聊的高声喊叫，

淹没了偶尔的浅吟低唱。
还有扑克牌的欢呼，
混合成校园内特有的秦腔。

该静寂了，躺在被山风洗净的山巅吧，
俯听大地母亲的心跳。
你会岑寂。
你会忘我。

动物趣味成语故事

内容提要：用一个个短小有趣的小动物故事，来演绎中国古代成语，形象而又生动。寓教于乐，通俗易懂，适于妈妈讲给孩子听，亦可作少儿课外补充读物，使之了解生活中无穷的智慧与哲理。

一、丁丁吃桃子——过河拆桥

丁丁是只机灵的小猴子，但现在大家都不愿跟他玩了，为什么呢？

原来，丁丁很喜欢吃桃子。一天，他在河边的小树上玩耍，看到河对面一株桃树上结满了又红又大的桃子。丁丁想：我要想办法把桃子摘来吃了，但不能让小朋友们知道，否则大家都来吃，那我可亏了。

河水很宽，丁丁到不了对岸，怎么办呢？他小眼珠一转，想出了一个好办法。于是，他找来一些小伙伴，对他们说："哎呀，我的新帽子被风刮到了对岸，请你们帮帮我吧！"

小伙伴们找来了一些树枝、绳子，忙了很久，终于帮丁丁搭了一座小桥。桥刚搭好，丁丁对小伙伴们说："你们辛苦啦，都回去休息吧，我自己去找帽子。"

大家一走，丁丁就连蹦带跳地跑到对岸吃桃子去了，吃了几个又鲜又大的蜜桃后，丁丁想：我不能让小伙伴们知道我在这儿吃桃子。于是，他赶紧把大家刚搭好的桥拆掉了，然后一个人坐在树上悠闲地吃起了桃子。

丁丁的行为让几只小猴子看到了，他们都说："丁丁有了好吃的桃子，却忘了大家的帮助，丁丁不是一个好孩子。"

从此，大家都不和丁丁在一块儿玩了。丁丁感到很后悔，对小伙伴们说："大家原谅我吧，今后我有好吃的东西，一定和大家分享！"

二、冬冬吃害虫——声东击西

冬冬是只可爱的青蛙，大家都非常喜欢他。每天，他都穿着一件淡绿色的衣服，守候在稻田里，一旦有害虫来吃庄稼，他就跳起来把害虫消灭掉。

一天，一大群害虫来到稻田边，看到冬冬一个人守护一大片庄稼，就狡猾地四散开来，使冬冬应付不了。

怎么办？冬冬心里非常着急。突然，他想到了一个好办法。于是，他跑到稻田的东边"呱呱呱"地大叫几声，又立刻跑到南边"呱呱呱"地叫几声，再迅速地跑到西边也"呱呱呱"地大叫几声。害虫听到东、南、西边都有青蛙叫，以为冬冬请来了许多伙伴，于是，都挤到稻田的北边来。

谁知，聪明的冬冬早就等候在稻田的北边了，害虫来一只，他就吃一只，很快，他就消灭了所有害虫。

三、小白兔大战大灰狼——以弱胜强

大灰狼专吃小白兔，可坏啦！

兔爸爸看着自己的孩子一个个被大灰狼吃掉，可心疼啦，他决心带领孩子们除掉这只可恶的大灰狼。

在一个开满野花的草地上，兔爸爸和小白兔想出了一个很好的办法。他们先悄悄地在草地中央挖一个又深又大的陷阱，再在上面横几根枯树枝，铺上一些小草把陷阱掩盖起来。

大灰狼又出来了，贪婪的眼睛四处搜寻猎物。它来到草地边，猛然看到两只小白兔在啃着青草，心里非常高兴，它大吼一声，纵身向小白兔扑去。

"啪啦"一声，大灰狼掉进了又深又大的陷阱中，怎么也出不来啦，躲在一旁的小白兔们立刻搬来了许多石块，把这只可恶的大灰狼埋进了深深的陷阱中。

小白兔们又可以自由自在地玩耍了。

四、飞飞筑巢——自作聪明

小鸟飞飞跟着妈妈在天空自由自在地飞翔，饿了捉小虫吃，渴了喝山泉水，可快乐啦！

一天，妈妈对飞飞说："孩子，你已长大了，要学会独立生活。今天，我

来告诉你怎样筑巢，有了巢，你就不怕风吹雨淋了。"飞飞很高兴，跟妈妈一道四处找来树枝、枯草，和着泥浆，用三天的时间，搭了一个小巢。搭完后，妈妈说："飞飞，今后你就在这个巢里面住，妈妈先走了！"

飞飞心里可高兴啦，他围着巢飞了两圈，突然，他发现巢的一侧有个小洞，他学着妈妈的样，衔来泥浆和树枝，把这个洞堵死了。

傍晚，妈妈来看飞飞，发现飞飞还在巢外面转圈。原来，飞飞把进巢的门洞堵死了，根本进不了巢。妈妈忍不住笑了，对飞飞说："孩子，今后做事可得多动脑筋，不能再自作聪明呀！"飞飞的脸一下子变得通红了。

五、青青搬家——拣轻怕重

青青是只大个头的蚂蚁，可他做事时总爱避重就轻。譬如说建房子啦、搬食物啦，他总是走在最后，搬最轻的一份。

青青有许多兄弟姐妹，他们干活时都十分卖力，这时青青总在一旁笑他们："用那么大力气干嘛，到家后不都是吃一份食物吗！看我，搬那么少，不也一样吃很多东西嘛！"

雨季来临了，蚂蚁妈妈担心房子被淹，决定搬家。于是，她把家里贮藏的食物拿出来，分成许多份，对青青他们说："孩子们，我们得搬家了，你们每人背一份食物出发吧。"

青青听了，赶快选了一份最轻最少的食物背上，兴高采烈地出发了。这一次，他走在最前头，嘴里还哼着一支歌呢。

路上，蚂蚁妈妈对孩子们说："孩子们，你们背的食物就作为你们路上的干粮吧，饿了就吃自己背的一份，可不许吃别人的东西。"

他们搬家的路要走四天，可青青背的食物第二天就吃完了，而其他兄弟姐妹们都还有很多食物，他们吃得津津有味，可青青的肚子却饿得"咕咕"叫。好不容易熬到第三天，他再也忍受不住了，别人吃东西时，他在一旁悄悄地哭了起来。

蚂蚁妈妈早就注意到了小青青。这时，她走过来对青青说："孩子，今后干活，可不能总拣轻的搬呀！"青青羞愧地低下了头。

从此以后，无论干什么活，青青再也不拣轻怕重了。

（1997 年 7 月 18 日）

妹妹放牛

在我们乡下，牛是农民们最亲密的伙伴，耕田、整地、碾谷，几乎每一件事都要靠它，作为回报，把牛喂饱成了童年的我每天必做的功课。

1985年，初中毕业的我该上高中读书了。爸爸说："高中学习要抓紧，争取考个大学，跳出'农门'！"于是，牛绳依序交到了妹妹的手中。

在我们家乡，几乎所有的土地都被开垦了。由于没有一块像样的荒地，"牛背上吹短笛的牧童"是见不到的。我们必须牵着牛，一条田埂一条田埂地守着它一口一口地啃吃野草。牛虽然驯良，但偶尔也会扭头偷吃两边稻田里的稻谷，所以你得小心地防着它。一般要两个小时以上，牛的肚子才会凸起乃至滚圆。

把这个苦差事交给妹妹，我总觉得心有不忍，毕竟当时的妹妹才十一岁。

渐渐地，我发现妹妹似乎喜欢上了这项工作。每天天刚亮，妹妹就第一个起床，东方刚泛白，妹妹就打开门，牵着牛儿，迎着朝阳出发了。被窝中的我，似乎再也没有听到父母亲催促妹妹起床的呵斥声。

那是一个晴朗的早晨，和往常一样，妹妹一早就出去放牛了。正在后院潜心记英语单词的我，突然听到了本村贺叔略显粗鲁的声音："老王，这是你们家的牛吧！你去看看，我们家'土地丘'的稻子被吃掉一大块了，你是怎么搞的？"我从后院溜出来，只见贺叔正恼怒地用手捏着我们家牛的鼻子。牛的肚子鼓鼓的，牛鼻子上的牛栓和长绳却不见了。

爸爸赶紧找来一根绳子把牛系住，并连声向贺叔赔不是；妈妈端来一盆热水让贺叔把手洗净，并递上一支爸爸常抽的"常德烟"；我知道是妹妹闯了"祸"，赶紧到外面去找妹妹。

在"土地丘"下的一条田埂上，妹妹捧着一本书，正专心致志地看着。两根牛角辫上凝着的露珠，在太阳的照耀下闪着光，格外漂亮！隔不多久，妹妹机械地向前跨上一步，而她的腋下，依然夹着一根长长的空牛绳。

（2001 年 11 月）

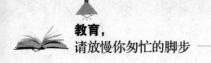

种 菜

窗外，是职大的校园，在校园一角荒芜的一片空地上，一位老者在铲除杂草、挥锄翻土、细心播种，悉心照料着这片空地，他极认真地拔除钻出来的杂草。慢慢地，窗外的空地绿了，一点点、一点点，汇成清新鲜绿的一片。

每天早晨七点半，我会准时到办公室，设计教案，批改作业。每当我感觉沉闷或者疲倦时，我会习惯性地来到窗前，活动一下头颈，伸一伸腰肢。这时，我总能看到一个熟悉的身影——

有时，老人在给菜浇水，一瓢一瓢，极细心，极认真地一棵一棵地浇。

有时，老人在拔草，蹲下来，认真地寻找，一棵、两棵，拔起来，然后小心翼翼地抖掉草根上粘起的泥土。

更多的时候，老人吸着烟，静静地蹲在草地边……看得出，老人在这里获得了满足，对生活的满足。

老人今年六十二岁了，是职大的一位退休教师，据别人讲，他与老伴的退休金加起来有近两千元，应该不必为衣食之类发愁，那他种菜是为了什么呢？带着这个疑问，我走近了老人的菜地。

"大爷，您这是发展自给自足的自然经济吧？"

"哎，小伙子，还挺幽默的呀！自家吃，吃得这么多吗？"（老人不无骄傲）

"那您种菜去街上卖呀？"

"不，没那闲精神，再说，我也不缺钱花。菜熟了，不过给左邻右舍送点，给食堂送点，谁还担菜上街卖！"

"那您用不着这么辛苦地种菜呀！"

"不，一点也不辛苦，我倒觉得其乐无穷呢！起初，我和老伴商量着，等咱们退休了，时间充裕了，咱们也学学种种菜吧！老伴说，'好啊，咱们一辈子没种过菜，学着种菜，也可以锻炼身体呀，你看农村的那些老人，一辈子风里来雨里去，精神却好！看来咱们应该学一学，可能胜过打太极拳呢！'就这样，我们一合计，就决定把这里给开发开发，这不，每天我都要到这里待上两个小时，感觉倒蛮充实呢！"

"那您种菜一定有很多心得啦？"

"当然，小伙子，种菜的学问可大呢。就拿浇肥来说吧，最好是下种前先浇足底肥，否则，追肥稍微把握不好就会出岔子，有一次，我看这菜长得不够好，就担来一担粪一浇，嗬，谁知没一会儿菜全趴下了，亏得食堂的李爹及时跑来帮我们抢救，否则的话，菜可全没了……"

从与老人的对话中，我分明感受到了老人心中的喜悦—— 一种收获与满足的喜悦。这种收获，不是收获了几把菜，而是自己的播种有了结果。而这种满足，更多的是获得成功、获得知识、获得充实的满足。

生活，原本该是这样！

又一个收获的季节到了，窗外的菜地上，老人正一棵一棵地拔起长大了的莴笋，细心地抖掉根上的黏土，洗净，再一把一把地捆好！

（2001 年 10 月）

享受生命

我是一位中学生物教师，又是一位摄影爱好者。连日来单调而紧张的城市生活，使我急于想透口气。

而今天，终于让我逮着了机会！

今天是星期天，妻子一早出门上班了，留给我自由支配的时空，于是我打点行装，急不可耐地出发了。

目的地并不远，不过50分钟的车程，就在洞庭湖边的一片树林中，安静而平和。

走入林中小径，那空气真是清新得不得了，我贪婪地吸吮着，立刻除去了连日来的紧张与疲劳。

这里有三百余年历史的保护树种，还有清脆的鸟语，以及湖上偶尔飘来的一两声汽笛，真让人迷恋。城市的喧嚣与沉闷霎时一扫而空了！我忘情地在林间行走，观赏美景，手中的相机却不知拍什么才好——我的相机无法拍出这里的美景和我心中的喜悦。

直到两个小时过去，脚上有点感觉了，我才在林边石凳上坐下，喝一口清凉的矿泉水。

一对翩翩飞舞的蝴蝶进入我的眼帘，我连忙调好相机——蝴蝶见得够多了，但它们艳丽的色彩总让人心动，我得拍一张蝴蝶采蜜图！

你知道蝴蝶采蜜时，双翅在不停地扇动吗？学了几年的生物学，我今天又增加了一点见识。我赶紧按下快门，迅速抓拍，我成功了，我拍出了完美的蝴蝶采蜜图。

这真是极大的满足！蝴蝶飞走了，我仍拿着相机，对着花。这是一种八棱麻的花，小小的白花透出一缕缕清晰的甜香。

我俯近身去嗅一下，——好家伙，一只螳螂！——如果不俯近身，几乎发现不了它。这不是保护色最好的说明吗。我立即按下了快门。螳螂可不像蝴蝶那么难拍，它静静地守在那儿，让我一次拍了个够。

不一会儿，我又拍到了菟丝子——一种有名的寄生植物。一大片，真难得！

林间小路旁有种不知名的植物，也长着鲜红的小浆果，这让我不由俯下身来！我禁不住想，这小小的生命也在享受着大自然温馨的馈赠呀，它把甜美的果实奉献给动物，而动物帮它把种子传向远处。大自然的设计多么奇妙呀！

太满足了，我深吸几口林中清新的空气，沉浸在这无限的幸福中。

（2001 年 9 月）

成功的诱惑

——谈植物种族繁衍的技巧

自然界充斥着残酷的生存竞争，生物只有高度适应环境才能很好地生存并发展。与动物相比，植物扎根土壤，不能自由活动，它们的受精作用与种族的繁衍都受到了很多限制。但是，植物并没有"束手就擒"，在长期的自然选择中，它们进化出了一系列优良的特性：

1. 利用花吸引昆虫传粉，从而获得种子

多数植物属于单性花，花粉的传递对于种子的形成至关重要。在自然选择的作用下，植物的花卉或者具有鲜艳的色彩、芬芳的气味，或者具有甜美的花蜜，这一切，从色、香、味各方面刺激着一些昆虫的感觉器官，使得"蜂飞蝶舞，恋恋花间"。在蜜蜂、蝴蝶们采集花粉与花蜜的时候，它们不自觉地完成了"为花传粉、牵线搭桥"的工作！诗人们常说："花儿为什么这样红？"我们说：鲜艳的花儿是为了繁衍后代而盛开的！

当然，也有少数花利用风力传粉，这早已为我们所熟知。

2. 利用果实吸引动物取食，从而播撒种子

被子植物之所以能在地球繁衍发展，是因为它们的果实不仅有鲜艳的颜色，而且香甜可口、营养丰富。这吸引着大量的鸟、兽（包括人）来取食。这样，不仅鸟类、兽类获得了食物，而且植物的种子也随着动物的活动而四处传播开来了。因为动物往往只吃果实外面的果肉部分，果实里面的种子即使被动物囫囵吞下，在消化道中也不会被消化（种子表面有坚硬的种皮），当种子随着动物的粪便被排到它处时，植物不仅获得了新生，而且还从动物粪便中获得了一份满足其萌发、生长的营养。

当然，还有一些其他的类型，像蒲公英的种子，轻盈，利于飞翔，随着风儿也可以飘散到很远的地方；有些植物种子外有小钩，可以附着在其他动物身上而获得传播。

　　不难看出，如果植物没有这一些巧妙而成功的诱惑，它们的受精作用就不能顺利完成，种子无法形成，物种必将渐渐消失。倘若仅仅依靠风力或自花传粉结出一些种子，而没有动物的帮助，植物的种子就不可能在较大范围内播撒开来，只能囿于一地，而狭窄的地域与生态环境对物种的繁衍是十分不利的。

　　成功的诱惑，换来了植物在地球上的繁衍兴盛！

（2001 年 9 月）

保持心境的宁静

日前得空闲，遂游于金鹦公园，伴着时光，或凝目于文昌阁前的灿灿秋菊，或注目于阁上名士的对联奇文，或流连于孔雀、鸳鸯美丽的羽毛，或潜心于受白蚁之毁的大樟树。或行或止，无拘无束，遂深感幸福无比，亦深觉于闹市有此住处太妙。

其实，人应该学会保持心境的宁静与独立，于世俗纷纷扰扰中，人容易融入其中而碌碌一生。保持心境的独立，就能静坐下来观自己的行为，观自己的思想，观自己的灵魂。

没有目的，就会像老驴拉磨，一身劳碌却不曾进步半点；有了目的与行动，还需不断检测自己的行动是否有效，自己的行动与目的的距离有多远。低着头，一味向前，有时却会撞入死胡同；所以行动之外，有时亦需静下心来，检讨一下自己的行动。当行动受阻，甚或步入歧路时，不要急，静心纠偏；当行动急躁，急功近利时，静下心来，徐而处之。即使功成名就，也不能浮躁，静下心来，于享受成功之时，更注目下一个更美丽的高峰。

许多人经历更多的是挫折与失败。不要紧，此刻保持心境的宁静尤为重要。宁静的心境有利于调整心态与方向；宁静的心境有利于总结以前，规划今后；宁静的心境有利于积蓄奋进的无穷勇力。好似古代的攻城之战，也许你猛攻四五日甚至十天、半月，损兵折将却毫无进展。此时，你必须静下心来，细思对策——以前的战法有哪些优缺点？城池久攻不破的主要原因是什么？没有静思，就像闹哄哄的白日而无暗夜之调和一样，是不行的。经过静思，奇计妙策也许就是天边那眨眼的繁星，若没有静夜，你是发现不了的。

谁都知道，植物在白天光照下才可以进行光合作用积累有机物，那么，是否说永远的白天更利于植物生长呢？其实不然，没有黑夜，强烈的持续的白昼，植物也无法忍受，植物也需要暗夜。

这正如一段徐疾有致的乐曲，乐曲之所以悦人，就在于它徐疾有致，倘若一味地金戈铁马，悲壮雄伟，任何人的耳朵都受不了！

明白了这些，我们就会倍加珍惜心境的宁静。宁静之于人生，犹如爬山途中的小憩，犹如繁音密奏中的休止。

人生如一条小溪，叮叮咚咚，蜿蜒曲折，你无法急流猛进、高歌向前，而宁静的心境，正如一段舒缓的征程，这是休整，这是积蓄，这是一朵一朵小小的浪花。

（2001 年 12 月）

参考文献

［1］魏书生.如何做最好的教师［M］.南京：南京大学出版社，2009.

［2］朱永新.致教师［M］.武汉：长江文艺出版社，2015.

［3］何基生.自主学习能力论［M］.哈尔滨：黑龙江教育出版社，2012.

［4］韩新君.教育科研方法指要［M］.哈尔滨：黑龙江教育出版社，2007.

［5］李子光.中外古典文学名作鉴赏辞典［M］.北京：中国农业科技出版社，1990.

［6］宇飞.千万别管孩子［M］.北京：中国经济出版社，2001.

［7］徐方瞿.创新与创造教育［M］.上海：上海教育出版社，2001.

［8］汪中求.细节决定成败［M］.北京：新华出版社，2004.

［9］毕淑敏.你要学着自己强大［M］.北京：北京联合出版公司，2015.

［10］彩云.教育狂人陈忠联［M］.广州：广东人民出版社，2005.

［11］席慕蓉.写给幸福［M］.北京：中国友谊出版公司，1989.

［12］［美］戴尔·卡耐基.卡耐基写给年轻人的忠告［M］.北京：中国纺织出版社，2012.

［13］张小梅.提高学生创新力的思维游戏［M］.北京：中国言实出版社，2012.

［14］叶嘉莹.唐宋词名家论稿［M］.北京：北京大学出版社，2008.

［15］夏承焘.宋词鉴赏辞典［M］.北京：中国戏剧出版社，2007.

［16］李镇西.做最好的老师［M］.北京：文化艺术出版社，2011.